名馬を読む3

江面弘也

Ezura Koya

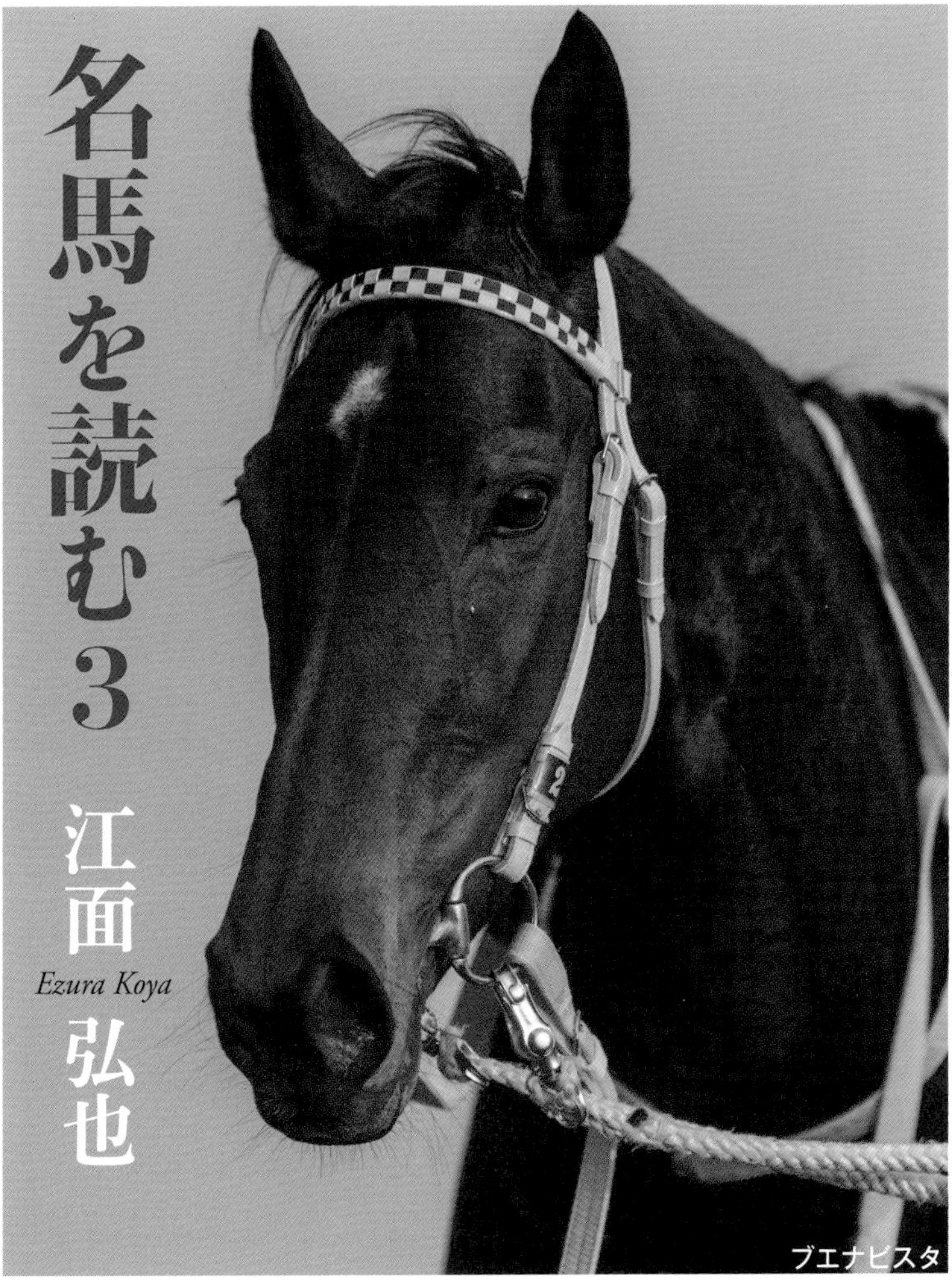

ブエナビスタ

三賢社

日本の競馬にあこがれるミルコは、ずっと夢のなかにいた（2003年日本ダービー）

キングカメハメハ

中央移籍２年目の安藤勝己を背にレコードタイムで快勝（2004年日本ダービー）

ウイニングチケット

念願のダービージョッキーとなった柴田を迎える「政人コール」（1993 年日本ダービー）

大きなプレッシャーを乗り越えた幸英明には初のＧⅠ制覇となった（2003年桜花賞）

メジロ牧場らしさが際立つ名牝は連続で女王戴冠（1999年エリザベス女王杯）

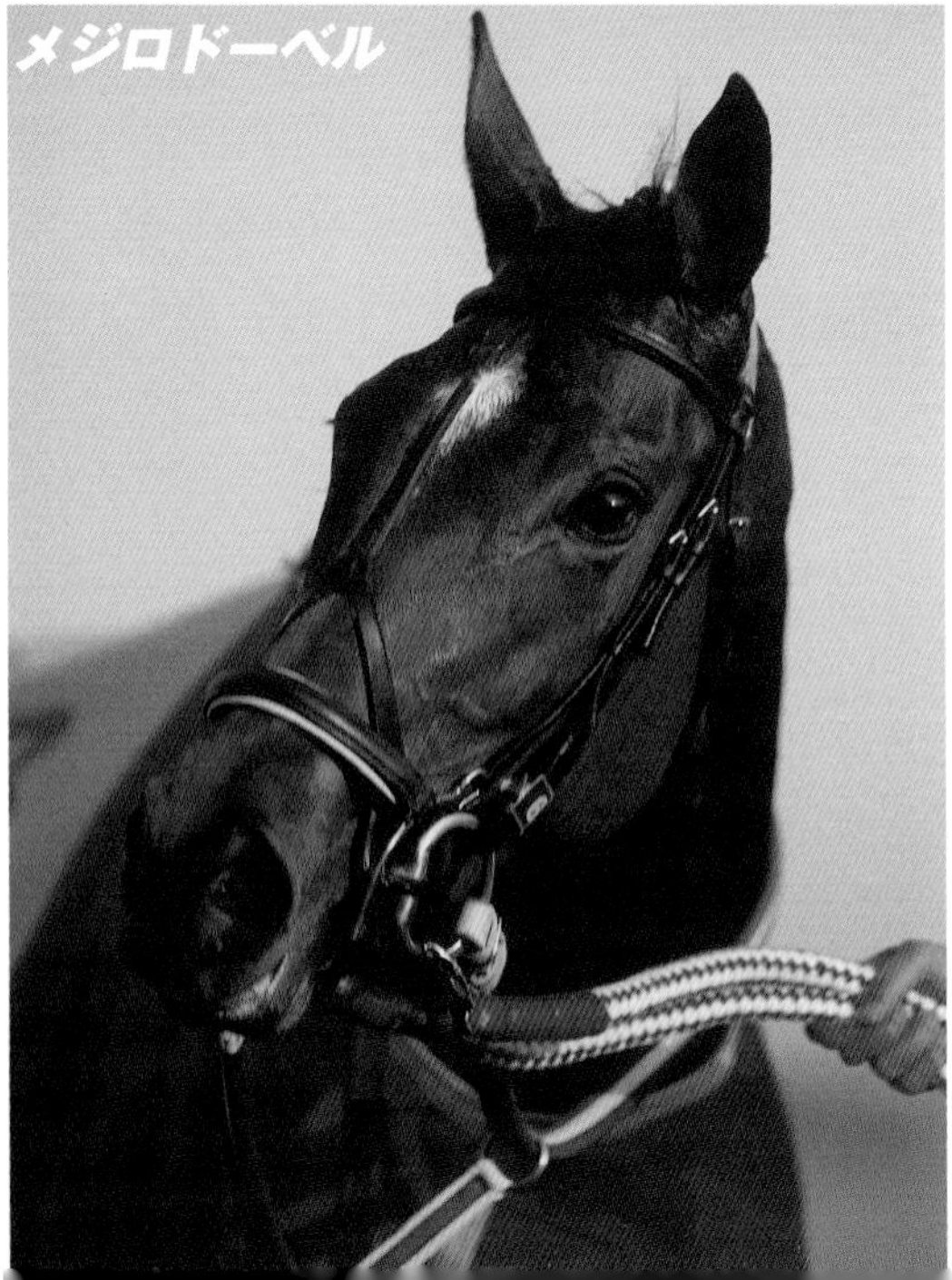

ヒシアマゾン

米国産のスレンダーな美女は唖然とする強さを見せつけた（1994年クリスタルカップ）

シスタートウショウ

後方三番手からの直線、ついに捉えたと思ったところがゴールだった（1991年オークス）

人々を驚かせる常識破りのロングスパートでゴールに向かい一直線（2012年菊花賞）

内藤調教師が夢で見た、5枠の黄色い帽子が一気に抜けだした（1991年有馬記念）

ヒシミラクル

難敵をねじ伏せて三度目のミラクル。“ミラクルおじさん”も話題に（2003年宝塚記念）

初の海外遠征でも、日本馬にとって鬼門のレースを難なく突破（2012年香港スプリント）

引退レースを日本レコードで圧勝（1994年スプリンターズステークス）

デュランダル
池添謙一を鞍上に、怒濤の追い込みでＧⅠを連覇した（2003年マイルチャンピオンシップ）

台風直撃により馬場状態は最悪。どしゃ降りのなかのレースとなった（2017年天皇賞・秋）

名馬を読む3

カバー写真：山本輝一（ゴールドシップ）
ブックデザイン：西　俊章

名馬を読む3 ◉目次

第4章 「最優秀短距離馬」という勲章

第5章 キタサンブラックをつくった男たち

はじめに

『名馬を読む』の下に「3」がついた。まさかこういう展開になるとは思わなかったが、まずはなによりも、つくってくださった三賢社と、前二作を手にしていただいた読者の方々に感謝、感謝である。

「1」となる『名馬を読む』は二〇一七年の時点で顕彰馬となった三十二頭の名馬を客観的な視点から書いた。『名馬を読む2』では顕彰馬に選ばれていてもおかしくない名馬など、わたしがもっとも熱中していた一九八〇年代から九〇年代の馬が中心になっている。個人的な体験や思い入れもふくめ、いくぶん距離をつめて書いている。

そして今回の『名馬を読む3』には、たんに強さとか成績にとらわれないで、たとえGⅠは一勝しかできなくても、いまも多くのファンに語り継がれる名馬も入れている。

第一章の「人とダービー馬の話」は、馬よりも人にいくらか重心を置いて書いた。ダービー馬なしの名馬物語ではやっぱりさびしい。

第二章は、『名馬を読む2』ではもうすこし牝馬を入れればよかったかな、という反省もあって名牝だけの章にした。「きれいな牝馬は、好きですか」と題したが、歴史的な記録を残した名牝も加えている。

第三章は歴史に残る穴馬や個性の強い名馬を集めた「この馬、予想不可能につき」。ある意味、馬よりも人々の驚きや戸惑いがおもしろく、書いていて一番たのしかった章である。書き手がこういうタイプの馬を好むのは、いつの時代もおなじだなと思った。

第四章の「『最優秀短距離馬』という勲章」はJRA賞最優秀短距離馬に選ばれた名馬たちである。天皇賞馬や菊花賞馬も対象になった時代から三十三頭めの顕彰馬ロードカナロアまで、時代時代のスプリンター感や距離体系の変遷がすこしでも伝わればいいのだが。

ここまでの四章には、わたしの知らない名馬も入れている。見ていない馬、取材もしていない馬だ。『名馬を読む』という書名ならば「自分が読んだ名馬」も入れようという考えからである。先達が書かれたものを参考にしたが、なかにはちょっと資料を掘りおこさないといけない馬もいた。こういう作業はきらいではない。

そして第五章は「キタサンブラックをつくった男たち」。『優駿』に連載した七回のうち六回までをまとめた、原稿枚数は百十枚ちょっとの短編ノンフィクションである。前の四章は主観をいれたエッセイふうの名馬物語だが、ここは主観抜きの三人称で書いた読み物にした。

ストーリー性のある原稿を書くとき、「かぎ括弧（会話）」をどう書くかでいつも頭を悩ませる。取材者である「私」の視点で書いたとき、「かぎ括弧」は取材相手が「私」に語ったものとなる。地の文のなかに取材相手のことばを挟んでいく書き方は雑誌記事ではオーソドックスなスタイルだが、限られた原稿枚数のなかでは「かぎ括弧」ばかりがめだち、インタビュー原稿のようになってしまう。そこからひと工夫もふた工夫もしたいというのが書き手の本音だ。それにたいして、原稿のなかで「私」の存在を消して三人称で書けば、「かぎ括弧」は登場人物同士の会話ということになる。構成は面倒でも、すくない原稿枚数でも中身を濃くできるし、読み物としてもちょっとはおもしろくなるだろうと思っている。

キタサンブラックについての最初の取材が思いのほか収穫があり、一回めの原稿をどんなふうに書こうかと考えていたとき、たまたま読んでいたのがゲイ・タリーズの『汝の隣人の妻』だった。タリーズの二十数年ぶりとなる新作『覗くモーテル　観察日誌』が一部で話題になっていたころで、その端緒となったのが『汝の隣人の妻』（タイトルがそうさせたのか、なんとなく敬遠していた作品）だったこともあり、こちらから読むことにしたのだ。アメリカのセックス革命をテーマに数百人にインタビューし、九年がかりで完成させたという大作で、日本では一九八〇年に出版された。

〈女は素っ裸である。股を思いきり広げ、ひと気のない砂の上に腹ばいに寝そべっている。〉（訳・山根和郎）

インパクトのある書きだしはもうすこしつづき、それにはちょっとした仕掛けがあるのだが、一段落読んだだけで、うまいなあ、さすがにゲイ・タリーズだなと今更ながらに感動し、たのしく読んでいた。考えてみれば、マフィア（『汝の父を敬え』）やニューヨーク・タイムズ（『王国と権力』）の話よりもセックスのほうがおもしろいのは当然なのだが、読んでいなかったことを悔やんだほどだ。

タリーズは取材したものを小説の手法で描く、いわゆるニュー・ジャーナリズムを代表するひとりで、寡作だが、好きな作家である。『汝の隣人の妻』では登場人物はすべて実名だとわざわざ断っているが、取材のためにニューヨークのマッサージパーラー（性風俗店ですね）で支配人をしていた自分自身を「ゲイ・タリーズ」として作中に登場させる徹底ぶりには笑った。

話は横道にそれたが、ひさしぶりにタリーズを読んでおおいに刺激を受けたわたしは、キタサンブラックの物語は頑張って三人称で書こうと思った。材料もたくさんあったし、連載ということを意識しての書きだしも自然と浮かんだ。

そういうわけで、第五章は前の四つの章とは書き方がまったく違っている。そのあたりをちょっと気にして読んでいただければ著者としてはうれしい。

本書も、前二作と同様に「文章から名馬を想像したり、むかしの記憶を思いおこしていただきたい」という趣旨から馬の血統表や成績表などのデータは掲載していない。また、馬の年齢も現在とおなじ満年齢とし、レース名は当時のままとしている。

なお、今回も多くの方から話をうかがい、それをもとに書いているが、本文中に登場する方々の敬称は略させていただきました。

第1章

人とダービー馬の話

ヒカルイマイ
「サラ系」の二冠馬

1

本田靖春がヒカルイマイを書いていたことを完全に忘れていた。思いだすきっかけは後藤正治の『拗《す》ね者たらん』だった。本田の作品に関係した編集者たちにインタビューし、本田の生涯を描いた労作である（カバー写真が大井競馬場の本田というのが泣ける）。そのなかに「未完のノンフィクション――『岐路』」という章がある。「岐路」は『週刊現代』に連載したヒカルイマイをテーマにした作品である。連載は一九九五年の新春合併号から六月十七日号まで二十一回つづいたが、本田の病状が悪化して休載となり、再開することなく未完に終わっている。

じつは、後藤の著書を読んだときはまだ自分が本田の連載を知らなかっただけだと思っていたのだが、『週刊現代』のバックナンバーを見て思いだした。

「本田さんが『週刊現代』で競馬の連載をはじめるらしい」「井上さんがイラストを描くそ

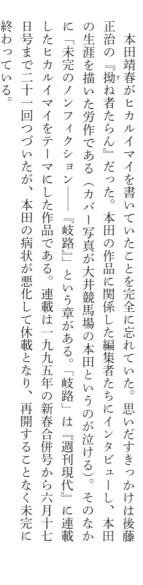

うだ」――。

当時勤めていた競馬雑誌の編集部でそんな話をした記憶が甦ってきた。挿画の井上正治は仕事でつきあいのあるイラストレーターだった。しかしわたしは、本田の連載は単行本になってから読もうと思いながら、いつのまにか忘れてしまったのだ。

あらためて連載原稿を読んでみた。

「岐路」のサブタイトルは「悲運の名馬ヒカルイマイに魅せられた人々」とある。魅せられた人々のひとりが本田自身で、本田らしく私的なストーリーを織りこんだ作品になっている。本田にとっては「にっぽん競馬人脈」(『日本の騎手』所収)以来、二作めの競馬ノンフィクションになるが、いつかヒカルイマイを書きたいと思って資料を集めていたのだという。本田ほどの書き手が競馬を最後の題材のひとつにしたことが一競馬ファンとしてうれしいし、それがヒカルイマイだったことは、自らを「拗ね者」と言い、「ハイセイコー・ブームに鼻白んでいた」と書いた本田らしいなと、妙に納得できるのである。

「サラ系」ということばがある(いまでは「あった」と書くべきかもしれない)。正確には「サラブレッド系種」という。サラブレッドなのだが、血統書の上ではサラブレッドと認められていない馬たちで、一般的には最初のサラ系から八代つづけてサラブレッドが交配された馬はサラブレッドとして認められている。

豪快な追い込みで皐月賞とダービーを勝ちとったヒカルイマイもサラ系だった。母セイシユン（父ヴイーノーピユロー）の四代前の母はミラといい、一八九九（明治三十二）年に日本レース倶楽部（横浜の外国人居留地にあった競馬団体）がオーストラリアから輸入した競走馬である。現在確認されている競走成績は十三戦十勝、二着三回。抜群の強さを誇ったと伝えられているが、輸入される際に血統表がなく、「血統不詳」ということでサラ系に分類されたのだった。

繁殖牝馬となったミラの子孫からは初代ダービー馬のワカタカをはじめ多くの活躍馬が現れた。なかでもヒカルイマイの祖母安俊の系統は一九六七年の桜花賞馬シーエース（曾孫）やヒカルイマイの一歳下の皐月賞馬ランドプリンス（曾孫）が誕生した名門母系として知られている。しかし、どんなに強いクラシック馬であっても牧場に戻ればサラ系の烙印が押され、サラ系のこどもたちは馬主から敬遠されていたのである。

ヒカルイマイは一九六八年三月二十七日に北海道静内《しずない》町（現新ひだか町）の中田次作牧場でうまれた。父のシプリアニは一九七〇年代に日本で流行するネヴァーセイダイ（イギリスダービー）を父とする種牡馬で、ヒカルイマイは五年めの産駒になるが、代表馬の一頭トウメイ（天皇賞・秋、有馬記念）はまだデビューしていない。また、日本中央競馬会が購入して日本軽種馬協会に寄贈された公共の種牡馬ということで種付け料は低く抑えられていて、弱小牧場でも種付けできた。

中田次作は農業の傍《かたわ》ら馬の生産もしていて、ヒカルイマイがうまれた当時はセイシユンを含めて三頭の繁殖牝馬を飼養していた。うち一頭はアラブ馬である。セイシユンは地方競馬で一勝もできなかった馬で、公営南関東の馬主、永井源太郎が所有していた。最初は別の牧場にいたが、産駒はまるで走らず、「仔分け」として中田の牧場にやってきたのだ。仔分けとは、馬主が種付け料を支払い、牧場が生産育成をし、うまれた仔馬は折半あるいは一年交代で所有するシステムをいう。ヒカルイマイは折半する形だったが、仔馬を見た永井が気に入らなかったようで売ることになった。

それでも一歳の春には買い手がついている。評価額は二百万円。ダービーの一着賞金が二千八百万円（現在は二億円）という時代やサラ系という血統、地方競馬で走る可能性が高かったことなどを考えればさほど悪くない評価である。ところが、いつどこで怪我をしたのか、肋骨が一本折れていることが判明して五十万円値切られ、一勝したら値引き分を支払うという契約で売買が成立する。五十万円はヒカルイマイがデビュー戦を飾るとすぐに支払われたという。

ところで、ヒカルイマイの馬主については様々な問題があった。本田靖春もヒカルイマイの売買に関係したのは「仲介者A」（元調教師でいわくありげな人物）と「買い手となる馬主」と意味深長な表現にとどめている。関西テレビのアナウンサーでヒカルイマイの生産牧場を取材した杉本清は、テレビの競馬中継スタッフも最初は中田次作の名前を知らなかったと書いている。

〈この名前（筆者注・中田次作）もじつはクラシックを勝ったあとにわかったもので、それまでは誰が生産者で、誰が馬主なのかもはっきりしない状態だった。今からは信じられない話だろうが、皐月賞までは勝負服も貸服で走っていることの方が多かった。〉（杉本清著『あなたのそして私の夢が走っています』）

たしかに、当時の記事でも生産者名は中田次作だったり永井源太郎だったりする。これは生産牧場と繁殖牝馬の所有者の混同でよくあることだが、馬主のほうもきさらぎ賞までは岸根蔵之助で、それ以降は鞆岡《ともおか》達雄となっている。今井藤一という人物がオーナーグループのひとりという記事もあれば、京都新聞杯では西山倶楽部という法人の名義になっている。また、杉本が言うように、デビュー当初には貸服（馬主の勝負服を忘れたときなどに、競馬会が貸しだす仮の勝負服）で走ったこともあり、口取り写真に馬主と違う人物が写っているということで「名義貸し」を疑うマスコミもあった。名義貸しとは馬主資格のない者が馬主の名前を借りて馬を走らせることで、競馬施行規程に抵触する。

調べてみると、ヒカルイマイは今井藤一（京都府長岡町町会議員、馬名はここから付けられた）が買った馬だったが、ノミ行為（私設の胴元から馬券を買った）で罰金刑を受けていた今井は馬主になれなかったために、鞆岡ら友人を共有者にして走らせていた名義貸しだった。しかし、名義貸しを禁じた改正競馬施行規程（日本中央競馬会競馬施行規程第11条の4）は一九七一年四月に発布されていたが、施行されたのがダービーから三か月半後の十月一日であり、その前に共有の法人馬主（西山倶楽部、代表は鞆岡）に移行したというのが真相のようだ。

さて、二歳の三月になって、ヒカルイマイは栗東トレーニングセンターの谷八郎厩舎にはいる。本田が書く「仲介者A」が谷に馬を紹介し、谷は「買い手となる馬主」とともに中田次作のもとをたずねたのだった。

きちんと馴致されていないヒカルイマイは、厩舎にきた当初はまっすぐ走るばかりでコーナーもまともにまわれず、スタッフを手こずらせることが多かった。体は真っ黒（黒鹿毛）で、目つきが鋭く、気性のはげしい馬だった。後肢で仁王立ちになるなど並外れたパワーもあった。しかし、なぜか調教では動きが悪く、ほかの馬と併せても「先着したのは最初（二歳の八月）の一回だけだった」と主戦騎手の田島良保はのちに語っている。

デビュー戦は十月の京都。調教で遅れてばかりいる馬は十六頭立ての五番人気だったが、二着に五馬身差をつけて勝った。つづく特別戦も五馬身差で勝ち、オープンも楽勝して三連勝。陣営でさえ「一勝できれば」という程度の評価だった馬はデビューして一か月あまりでクラシック候補の一頭に数えられるまでになっていた。

しかし、そのあと二戦して連続二着。さらに三歳になってからもシンザン記念四着、さざんか賞（特別）二着と勝ちきれないレースがつづく。気の強いヒカルイマイは田島がちょっと促すと前へ前へと突っ走ってしまうのだ。この先、クラシックをめざすには、田島がいかに馬を我慢させ、最後の爆発力を引きだせるかが、第一の課題となっていた。

そして、クラシックに向けた試金石となったきさらぎ賞でヒカルイマイと田島は答えをだす。ここまで七戦六勝（重賞三勝）、東西を通じて三歳最強という評価もあったロングワンを相手に完勝するのである。道中は相手の動きを見ながらじっと我慢し、直線でロングワンが先頭に立つのを待って外から並びかけ、競り合い、最後は一馬身の差をつけてゴールする。

この勝利で谷はクラシック挑戦を決めた。調教師になって十三年めで初の東上である。ヒカルイマイは谷が川崎敬次郎厩舎（東京）で騎手だったときの兄弟子、森末之助に預けられた。東京競馬場で調整されたヒカルイマイは、中山のオープン（二着）のあとスプリングステークスに出走したが、最後方から追い込んで四着だった。焦《あせ》った田島が早めにスパートしてしまったのが敗因だった。

一九七一年五月二日、皐月賞。出走馬は十四頭。一番人気は京成杯と東京四歳ステークスの勝ち馬で尾形藤吉厩舎（東京）のエース、ヤシマライデン。二番人気はシンザン記念の勝ち馬フイドール、こちらは関西を代表する武田文吾厩舎だ。弥生賞、スプリングステークスを連勝しているメジロゲッコウが三番人気となり、ヒカルイマイは四番人気だった。

そしてここで、ヒカルイマイは驚くべきレースを見せる。序盤はうしろから二番手を進み、三コーナーをまわったあたりから外をとおって前に進出し、外から追い込んでくる。田島が我慢させたぶんだけ破壊力を増し、ゴールまで一気に駆けぬけた。二着のバンライとは一馬身四分の三の差があった。

ヒカルイマイはＮＨＫ杯にも出走してくる。これで三歳になって七戦めである。一番人気はダコタに譲った。二歳で四戦三勝、三着一回という成績をあげながら故障、二週間前の復帰戦を勝っていた馬だ。しかし、後方からの追い込みが身についたヒカルイマイは直線でインコースをついて抜けだし、外で食い下がるダコタを首差抑えこんだ。皐月賞馬の貫禄勝ちといった内容だった。

六月十三日、日本ダービー。一番人気はNHK杯で実力の片鱗をみせたダコタで、この日もヒカルイマイは二番人気に甘んじた。通算十五戦し、一番人気は四度あるが、いずれも特別かオープンである。これほどの名馬が重賞で一度も一番人気にならなかったのはサラ系だったからなのだろうか、と当時の競馬を知らないわたしは思ってしまう。

出走馬は二十八頭。競馬のスピード化が進み、一コーナーを十番手以内でまわらないと勝てない、という意味の「ダービーポジション」ということばが使われるようになった時代に、ヒカルイマイはうしろから四、五番手の内側で一コーナーをまわる。絶望的な位置である。それでも田島良保は我慢して動かない。

「おれはダービーに乗ったんじゃない。ヒカルイマイに乗ったんだ」

いまも語りつがれることばどおりに、ヒカルイマイの力を信じ、直線勝負に賭けている。このとき田島は二十三歳と七か月。いまも残る戦後の最年少のダービージョッキーとなる男は肝が据わっている。

四コーナーをまわって直線に向く。ヒカルイマイは大外をとおってスパートする。外から追い込めという谷八郎の指示どおりに、田島とヒカルイマイは追い込んできた。前には二番手から先頭に立って粘るハーバーローヤルがいたが、並ぶことなく抜き去っていった。

常識破りの追い込みで二冠を制したヒカルイマイにはシンザン以来の三冠馬の期待がかかったが、夏の札幌でオープン三着のあと京都新聞杯で九着に敗れ、さらに屈腱炎を発症してしまう。一年前の二冠馬タニノムーティエは秋になって喘鳴症《ぜんめいしょう》を発症し、菊花賞も十一着に大敗したが、三冠のむずかしさを人々はあらためて思い知らされた。

ヒカルイマイ陣営は再起を期して二年待ったが脚の状態は良くならず、引退が決まった。だが、二冠馬といってもサラ系の馬に種牡馬としての引き合いはなく、なんとか探した新冠《にいかっぷ》町（現新ひだか町）の大栄牧場に受け入れてもらった。一年めは十五頭（うちアラブ一頭）の牝馬を集めたが、二年めは六頭、そして種付けの申し込みがゼロになった三年めの秋、ヒカルイマイは鹿児島県曽於《そお》郡大崎町の服部文男牧場（のちにニルキング牧場）に預けられた。鹿児島では関係者やファンの支援を受けながら年に数頭の牝馬に種付けをし、一九九二年七月、二十四歳の生涯を閉じた。

「岐路」を休載したあと、本田靖春は糖尿病を悪化させて両足を切断、さらに大腸癌、肝癌を患い、右眼も失明する。文字どおりに満身創痍《そうい》のなかで書きつづけた最後の作品『我、拗ね者として生涯を閉ず』も未完のまま二〇〇四年十二月四日に終わった（二〇〇五年二月に出版された）。

本田が元気だったころ、かけだしの編集者だったわたしの仕事はいわゆる「原稿取り」で、本田の自宅を何度かたずねた。本田が原稿を仕上げている間、別室で待っているわたしのまわりを、ペットショップで売れ残っていたのをひきとったというリスが一匹走り回っていた。ヒカルイマイを書いていて、あのリスのことを思いだした。

カブラヤオー 隠しとおした弱点

2

カブラヤオーが嫌いだった。

一歳下のトウショウボーイから競馬ファンになったわたしは、ものの本で読んだり先輩からきかされて、カブラヤオーの強さ、すごさを知るにつれ、嫉妬するようになったのだ。トウショウボーイはダービーで逃げて二着に負けたが、カブラヤオーはハイペースで飛ばして逃げて二冠馬になった。それも悔しかった。だからあのころ、「カブラヤオーの世代はレベルが低かったが、トウショウボーイは最強世代の最強馬だ」と、詭弁まがいの言い方をよくしたものだ。

しかし、元来が逃げ馬好きである。三十年四十年と競馬を見つづけ、逃げ馬の馬券を買っては負けるたびに、そしてなによりも、馬も人も格段にレベルアップした一方で、じょうずに教育された最近の競馬を見ていて、あらためて思い知らされたのはカブラヤオーの強さであり、おもしろさだった。
だからこれは、偉大な逃げ馬をまっすぐに見られなかった男の懺悔《ざんげ》の稿でもある。

カブラヤオーは一九七二年六月十三日に北海道新冠町の十勝《とかち》育成牧場でうまれた。新冠にありながら牧場名が「十勝」なのは、牧場をつくったのが西塚十勝だからだ。西塚はカブラヤオーの妹ミスカブラヤ（エリザベス女王杯）の調教師でもある。十勝育成牧場については『優駿』の編集長だった宇佐美恒雄のルポルタージュ（『優駿』一九七〇年六月号）を参考に書いていく。

西塚十勝が新冠に育成牧場をつくりはじめたのは一九六九年だった。最初は貸金の担保として手に入れた土地を利用して牧場をはじめたのだが、調教師としての人脈をいかしながら大きくしていった。そして、カブラヤオーがクラシックを戦っていたときには敷地面積は約百五十ヘクタール、六十頭ほどの育成馬のほかに二十六頭の繁殖馬を飼養し、従業員も二十六人という大牧場になっていた。二〇一九年春、ダービーに関する取材で会ったとき、カブラヤオーの主戦だった菅原泰夫は「小さな牧場でうまれて、パドックに一頭で放牧されていたから臆病になった」と話していたが、後述するように、厩舎にきたときの印象の悪さでそういう記憶がつくられたのだろうと思う。
カブラヤオーの父ファラモンドはタニノムーティエなどをだしたムーティエとおなじシカンブル（フランスダービー）の産駒で、カブラヤオーは日本で五年めの世代になる。同世代には南関東の三冠馬ゴールデンリボーがいるが、地方競馬では東京ダービー馬四頭など多くの名馬を輩出したファラモンドを、わたしたちは「東京ダービー血統」と呼んだりしていた。

母のカブラヤ（父ダラノーア）は六勝した活躍馬で、十勝育成牧場で繁殖牝馬となって二頭めの産駒がカブラヤオーである。カブラヤは西塚が馬主の加藤よし子のために見つけてきた牝馬なのだが、馬名について加藤は、

「戦闘開始を告げる鏑矢《かぶらや》に情緒を感じてカブラヤと名づけました」

と、宇佐美に語っている。まるでカブラヤオーという逃げ馬の誕生を予見していたかのようだ。

加藤は繁殖牝馬を二頭所有していて、ともに十勝育成牧場に預けていた。一九七二年は二頭ともこどもを産んだが、つづく二年は死産や不受胎でともに産駒がなく、預託料や種付け料をまかなうために、加藤は七二年うまれの二頭を売ることにした。ところが、一頭はすぐに売れたのだが、カブラヤの息子は三百万円でも買い手は現れなかった。地味な血統に加え、遅生まれで成長が遅かったのか、垢抜《あかぬ》けしない馬体も敬遠された。

しかたなく加藤が所有し、東京競馬場の茂木為二郎厩舎に預けられる。茂木厩舎には姉のカブラヤヒメがいたが、弟の馬房を空けるために金沢競馬に売られていった。

こうして茂木厩舎にきたカブラヤオーを見たときの印象を、菅原は「山からでてきたような馬」だと言った。

「不細工でね。でも、走らせるとよかった。能力はすごかったんだけど、馬が横にいると

恐がってね」

レースでも一頭で行けばおとなしく、騎手の言うことをきいてくれるのだが、ほかの馬のとなりに寄せていくと恐がってどうにもならなかった。ひどいときには恐がって飛び跳ねることもあった。

「調教でもそうでね。落とされなかったのはおれだけ。内埒《らち》から外に飛んでいったりして、みんな落とされていた」

なんとも厄介な馬、カブラヤオーは二歳の十一月、東京の新馬戦（ダート千二百メートル）でデビューする。乗るのは菅原の弟弟子で、騎手になって二年めの菅野《かんの》澄男。スタートで出遅れて、追い込んできて二着になった。二戦め（芝千二百メートル）はスタートも普通で、三馬身差で楽勝、つづく中山のひいらぎ賞（芝千六百メートル）も六馬身差で勝った。「不細工な馬」は、ここまでの三戦は七、五、八番人気だった。

一九七五年。三歳初戦のジュニアカップでは菅原泰夫に乗り替わった。「東京ダービー血統」の馬はダートの千六百メートルで二着に十馬身もの差をつけて逃げきっている。

三連勝でクラシック候補の一頭となったカブラヤオーは東京四歳ステークス（現共同通信杯）に駒を進めた。ところがここに、デビューから四連勝の牝馬テスコガビー（仲住《なかずみ》芳雄厩舎）も出走してくる。この馬の主戦も菅原だった。

菅原はこのときデビュー十二年めの二十八歳。前の年に三十一勝をあげて全国リーディングの十三位になっているが、大レースには縁のない地味な中堅騎手だった。本人に言わせれば、福島や新潟の「ローカルまわり専門」である。その菅原に突如、牡と牝、二頭のクラシック有力馬がめぐってきたのだ。

当時は、自分の厩舎の馬に乗るのが一般的だったが、ここでテスコガビーを手放せば二度と乗れなくなるかもしれない。千載一遇の春を前にむずかしい選択を迫られることになった菅原に助け船をだしたのは茂木だった。

「厩舎の馬はいつでも乗れるが、テスコガビーのような馬に乗るチャンスは滅多にないんだから、乗せてもらったらどうだ」

師匠のアドバイスで菅原はテスコガビーに乗り、カブラヤオーの背には菅野が戻った。

一九七五年春のクラシックを席捲《せっけん》することになる二頭のたった一度の対決はテスコガビーの逃げではじまった。スタートダッシュはテスコガビーが上だったが、向こう正面に向くと、加速がついたカブラヤオーが外から追い抜いていく。二番手に控えたテスコガビーは三コーナー過ぎから外をまわりながら先頭をうかがう。カブラヤオーの性格を知っている菅原は馬体を並べずに、すこし間隔を置いて走らせていた。

アクシデントは直線でおきた。京成杯でテスコガビーに頭差まで迫った三番人気のイシノマサルが、内からカブラヤオーに並びかけようとすると、驚いたカブラヤオーは横跳びをするように外に斜行する。ちょうどそこにテスコガビーがいて、壁のようになってくれた。態勢を立て直したカブラヤオーはかろうじて首差でテスコガビーに勝ったが、どたばたしたゴール前の間隙《かんげき》を突いたテキサスシチーが、テスコガビーに鼻差まで迫っていた。

右回りでは案外とスムーズなレースができるカブラヤオーは、弥生賞では関西のエース格ロングホークを完封して五連勝を飾った。そのロングホークがスプリングステークスを楽勝したことで、皐月賞は単勝二・三倍の大本命となった。

クラシックで一番人気の馬が強引に逃げるのがどれだけむずかしいか、歴史が語っている。実際、皐月賞とダービーを一番人気で逃げきった馬はカブラヤオーの前にいない。それでも、カブラヤオーが逃げにこだわったのは前述したように馬を恐がるからだった。この弱点はカブラヤオーが引退してから菅原によってあきらかにされるのだが、当時はマスコミに知られないように苦労したと菅原は言う。

「調教でも、見せないようにして、隠れて馬を仕上げるのがたいへんだった。知ってるのは、わたしと厩務員、それに菅野と赤羽秀夫（茂木厩舎の騎手）だけだから、『絶対に人に言っちゃだめだぞ』って口封じしてね」

しかし一筋縄ではいかないのがクラシックだ。皐月賞では関西のレイクスプリンター（坂口正二厩舎、騎手・押田年郎）が執拗《しつよう》に競りかけてきた。名前のように短距離血統（父サウンドトラック）でブービーの二十一番人気の馬だ。その結果、前半千メートルを五十八秒九で逃げ合うことになる。向こう正面まで競り合い、三コーナーの手前でようやく振り払ったカブラヤオーはそこから地力をみせ、逃げきっている。二着ロングホーク、三着エリモジョージ。古馬になって逃げ先行を武器にした馬たちも中団から追い込んでくるしかなかった。問題のレイクスプリンターはカブラヤオーから三十七秒三も遅れてゴールにたどりついたが、故障し、安楽死処置がとられた。まさしく玉砕だった。

つづくＮＨＫ杯はカブラヤオーが唯一「抑えて競馬ができたレース」（菅原）だった。関西の逃げ馬トップジロー（二分《にぶん》久男厩舎、騎手・外枦保《そとへぼ》重秋）が逃げ、カブラヤオーはほかの馬と馬体を並べないように三、四番手の外をまわりながら、うまくレースを運んできた。しかし、三コーナー付近で馬を恐がりだしたので菅原がゴーサインをだすと、そのまま先頭にたって逃げきった。二着のロングファスト（皐月賞四着）とは六馬身の差がついていた。

一九七五年五月二十五日、日本ダービー。ここまで八戦七勝、二着一回、重賞四連勝のカブラヤオーの単勝は二・四倍。圧倒的な一番人気でも、成績を考えれば、オッズが思いのほかついたのは、二十八頭立てで、直線でふらついたりする不安定な逃げ馬だったからだろう。

菅原は一週間前のオークスではテスコガビーに乗って八馬身差で楽勝していたのですこしは気持ちも楽だったが、さすがにダービー当日になると緊張していた。それでも、スタートさえ互角ならば負けないと思っていたのだが、

「ダービーはかならず〝テレビ馬〟がでるから。とくに関西馬ね」

と言って菅原は笑った。

〝テレビ馬〟とは、クラシックで「テレビに映りたい」とばかりに一か八かの逃げを敢行する馬のことをいう。東西の対抗意識が強かった時代には、関西に有力な逃げ馬がいれば関東の〝テレビ馬〟が競りかけていったから、そこはお互い様なのだが、東西の対抗意識が競馬を盛りあげていた時代の話だ。

緊張が最高潮に達したパドックで師匠の茂木が話しかけてきた。

「どう乗るんだ」

「やっぱり、ハナ（先頭）に行って、それで負けたらしょうがない」

「よし。お前の好きなように乗れ」

それで菅原のこころは決まった。

ゲートが開くと同時に菅原は手綱をしごいて強引に先頭を奪う。ダービーの大本命馬の騎手としては相当の勇気と覚悟を必要とする乗り方だが、これがカブラヤオーが勝つための唯一の手段なのだ。すかさず〝テレビ馬〟となったトップジローが競りかけてきた。一コーナーから二コーナーと執拗に絡んできたが、カブラヤオーは先を譲らず飛ばし、二コーナーをまわったところでふりきった。しかし、最初の千メートルは五十八秒六。皐月賞を上回るペースである。

向こう正面で一度スピードを緩めて一息入れたが、三コーナーを過ぎたところでふたたび加速していく。ここでスパートするのは東京競馬場のタブーだが、これがカブラヤオーのレースである。

直線に向くと、さすがのカブラヤオーにも余力がなくなってきた。残り四百メートルをきったあたりから外にふらつきだし、最後の二百メートルは十三秒三と完全に脚があがっていた。しかし、ほかの馬たちは追いかけてくるだけで精一杯だった。二着ロングファスト、三着ハーバーヤング。トップジローはカブラヤオーから五秒六遅れての二十六着。うしろにはまだ二頭いた。

それにしても、無茶で、すさまじいレースである。仮柵もなかった当時の荒れた馬場で、コースもきれいに整備され馬のレベルも高くなったいまの時代でも暴走といわれるペースで逃げ、ダービーを逃げきってしまったのだ。そんな馬はあとにも先にもいない。恐るべき逃げ馬である。

シンザン以来の三冠馬の期待がかかったカブラヤオーは夏を無事に過ごしながら、九月になって左前脚に屈腱炎《くっけんえん》を発症する。

なんとか四歳の五月に復帰して四戦三勝（唯一の負けは、ゲートで頭をぶつけて脳しんとうをおこして最下位）と復活を印象づけたが、目標だった秋の天皇賞の前に屈腱炎を再発し、引退が決まった。

一九七六年三月には茂木為二郎が急逝し、復帰後のカブラヤオーは森末之助厩舎（東京）に移籍していた。じつは、一歳下のトウショウボーイは茂木厩舎にはいる予定だったが、茂木が病気がちだったために、保田《やすだ》隆芳厩舎からデビューした経緯がある。菅原はカブラヤオーとテスコガビーでクラシックを席捲した翌年、トウショウボーイの主戦になる可能性もあったのである。

ウイニングチケット

ただ、ダービーに勝つために

3

二〇一九年の夏、種牡馬を引退した名馬たちのたてがみが切りとられ、インターネットのフリーマーケットに出品されるという事件がおきた。被害馬のなかにはウイニングチケットの名前もあった。ウイニングチケットがいたのは北海道浦河町にある観光施設「うらかわ優駿ビレッジAERU」だった。

十五年ほど前、わたしはAERUをたずね、種牡馬を引退したばかりのウイニングチケットに会っていた。案内してくれた乗馬スタッフは「チケゾウ」と呼んでいた。

「チケゾウが来てからファンの人たちが増え、五月の連休とかはすごかったですよ」

馬たちはおだやかな日常をおくっていたが、ダービー馬が観光施設の「客寄せ」のようにして生きている姿を目の当たりにすると、一競馬ファンとして複雑な気持ちにもなる——。そんな原稿を書いたのだが、いまになって思えば、それは間違いだった。かれらは「客寄せ」

であっても、自分の名声で生活の糧を稼ぎ、りっぱに生きていた。ディープインパクト、キングカメハメハの後輩ダービー馬が相次いで死んだあとだけに、考えることの多い夏だった。

柴田政人がはじめてウイニングチケットに跨《また》がったのは二歳の夏、函館競馬場だった。

「いい馬だから、乗ってみないか」

伊藤雄二調教師が声をかけてきた。

「トニービンだから距離はもつはずだ」

ウイニングチケットの母系は柴田と縁が深かった。それを知って、伊藤は騎乗を依頼してきたのだ。母のパワフルレディは調教中に骨折してデビューできなかったが、柴田が所属する高松邦男厩舎にいた。曾祖母のスターロッチは師匠の高松三太（邦男の父）が乗ってオークスと有馬記念に勝ち、祖母のロッチテスコは柴田が乗って桜花賞（十一着）にもでている。また、ロッチテスコの産駒ジンデンボーイ（阪神三歳ステークス三着）やカリスタグローリ（クリスタルカップ）にも柴田は乗っていた。短距離での活躍馬がめだつ血統だが、伊藤が「距離はもつはずだ」と言ったのはダービーを意識してのことである。伊藤もダービーには勝っていなかったが、柴田にとってダービーは積年の夢だった。

ウイニングチケットは一九九〇年三月二十一日に北海道静内町の藤原牧場でうまれた。伊藤雄二がパワフルレディとトニービンの仔をはじめて見たのはうまれた三日後だった。

伊藤は旧姓を木下といった。師匠の伊藤正四郎調教師（伊藤正徳の父）の娘婿となって伊藤姓になったのだが、伊藤家と藤原牧場とは親戚関係にあり、伊藤は皐月賞馬ハードバージをはじめ、マチカネイワシミズ（阪神大賞典二着）、ニホンピロマーチ（ダービー三着）など藤原牧場のスターロッチ系の馬を何頭も扱ってきた。

伊藤は藤原牧場など馴染みの牧場の牝馬は配合したときからずっとチェックしていた。そして、目をつけていた血統の馬がうまれたと聞くと、日曜の競馬が終わるとすぐに北海道に飛んでいった。それを繰り返しながら、だれよりも先にいい血統の馬を発掘してきたのだが、このときはべつの仔馬を見るために藤原牧場にきていた。ところが、パワフルレディが産んだトニービンの仔に一目惚れする。線は細かったが、体のラインがきれいで、品があった。伊藤はその場で自分が預かる約束をしている。

種牡馬にはこだわりをもっている伊藤は、パワフルレディの仔を見るまでトニービンの一年めの産駒は厩舎に入れるつもりはなかった。凱旋門賞馬といっても種牡馬としては未知数だったからだ。

トニービンはイタリアのＧＩに五勝し、凱旋門賞に勝ったあとジャパンカップにも参戦した。タマモクロスとオグリキャップの芦毛対決が話題だった一九八八年、オグリキャップを抑えて二番人気に支持されたが、五着。着順よりもパドックでの貧相な馬体が人々の記憶に刷りこまれた。

引退後は社台ファームが購入して日本で種牡馬になった。父方の祖父カラムーンはヨーロッパで評価の高い種牡馬だったが、日本の生産者には曾祖父ゼダーンの印象――鳴り物入りで輸入されたが気性のはげしい産駒が多く、評判倒れに終わった――が根強く残っていて、トニービンが種付けをはじめた当時、のちの大成功を予想する人はまったくと言っていいほどいなかった。実際に、一年めの種付け頭数は五十七頭で、産駒も四十五頭である。そこからウイニングチケットと二冠牝馬ベガが現れ、一九九四年にはリーディングサイヤーにもなるのだから血統とはわからない。

伊藤が見初めたパワフルレディの仔は京都市で病院を営む太田美實《よしみ》の所有馬となった。学生時代から競馬が好きだった太田は馬主歴も二十五年のキャリアがあった。買う馬は年に二、三頭で、多くを伊藤雄二厩舎に預けていたが、所有馬が重賞に出走するのはウイニングチケットがはじめてだった。ウイニングチケットという名前は、柴田政人の悲願だったダービーに勝ったことから「勝利への切符」と解釈されるようになるが、ダービーのあとに取材で会ったときに、太田は「当たり馬券」という意味で名づけたと笑っていた。茶目っ気のあるお医者さんだった。

二歳の六月。ウイニングチケットは栗東トレーニングセンターの伊藤厩舎にはいる。母系はスピードが勝っていたが、ハードバージなどの経験から、伊藤には「やり方によっては距離がもつ」という確信があった。それでなくても、高い素質を感じていた。

函館でのデビュー戦は千二百メートルで五着。「距離はもつはず」と言いながら短距離でデビューさせたのはどうしてなのか。後年、その理由をたずねると、伊藤は「負け覚悟の一戦だった」と言った。

「はじめてのレースは疲れがすくない短距離がいいと判断してのことです」

二戦めは一週間後で、千七百メートルの新馬戦をしっかりと勝った。このときは柴田政人がヨーロッパに遠征していて、代わりに横山典弘が手綱をとっている。

このあと、むこうずねに骨膜炎（厩舎用語でいう〝ソエ〟）の症状がみられたために休養し、十二月に復帰すると中山二千メートルの特別戦を連勝する。最初の葉牡丹賞では柴田にどうしても断れない先約（一番人気ツミカサネ、六着）があったために田中勝春が乗り、四馬身四分の三差の楽勝だった。レースのあと、伊藤は柴田に念を押した。

「政人、この馬に乗らないと、ダービーには勝てないよ」

つぎのホープフルステークスでは柴田が鞍上に戻り、三馬身差で勝っている。前日には阪神でGⅢのラジオたんぱ杯三歳ステークスがあったが、伊藤は柴田を乗せるために中山のオープン特別を選んだのだ。デビュー戦以来の騎乗となった柴田も、中団からあっさりと抜けだしてきた強さにダービーへの手応えを感じとった。新馬戦とは雲泥の差があった。

三連勝でクラシックの出走権を確実にすると、伊藤は目標をダービーに定めて調整していく。この世代の三冠戦線はウイニングチケット、ナリタタイシン、ビワハヤヒデが三強と呼ばれながら展開していくことになるが、勝ちあがってきた有力馬の力は拮抗していると伊藤はみていた。ライバルとなる馬との力は互角だから、勝てるとすればひとつだ。そのひとつに馬の状態をピークにもっていかないと勝てない。そう考えれば、自ずと答えはでた。ダービーがピークになるように馬を仕上げていくことだ。

おっとりとした口調とは裏腹に、伊藤はことばのひとつひとつに過剰なほどの自信をのぞかせる人である。勝ったから言えたことだとは思うが、ウイニングチケットについても「狙ってダービーに勝った」と言った。

「ダービーは狙って勝てるようなレースでないですが、『たまたま勝てました』と言うのでは、プロの調教師としては情けないでしょう」

一九九三年三月七日、弥生賞。ラジオたんぱ杯三歳ステークスの勝ち馬ナリタタイシンとの初顔合わせとなった。レースを数多くこなすことで知られる大久保正陽《まさあき》厩舎の馬で、すでにここまで七戦を消化していた。

伊藤の感覚では、ウイニングチケットがピークを迎えたときを百とすれば、弥生賞では八十五の状態だった。それでも、一番人気に推されたウイニングチケットは、レースの序盤は最後方を進み、三コーナーの手前から外をまわって進出すると、直線で楽に抜けだしてきた。二着のナリタタイシンとは二馬身差。最後は柴田が手綱を抑えるほど余裕があった。これで四連勝。その強さに、皐月賞は決まった、とだれもが思った。

四月十八日、皐月賞。ウイニングチケットは単勝二倍の一番人気に支持された。二番人気は六戦四勝、二着二回のビワハヤヒデ。弥生賞で完敗したナリタタイシンが離れた三番人気になった。伊藤に言わせるとウイニングチケットの状態はまだ九十。めいっぱいに仕上げてしまえばダービーではそれ以上を望めなくなるからだ。

その結果、四着に負けた。後方馬群のなかに入れて、前を行くビワハヤヒデを見るようにして前に進出、四コーナーでは射程に入れたかのように思えたが、直線では逆に離されてしまう。ゴール前、外から勢いよく追い込んできたナリタタイシンがビワハヤヒデを首差捉えて優勝、ウイニングチケットは五番手でゴールインした（三位入線のガレオンが直線の斜行で八着に降着し、四着に繰りあがった）。

傍目《はため》には完敗にも見えたが、伊藤は失望しなかった。ここまでは思っていたとおりに馬が成長してきていたし、あくまでも目標はダービー優勝なのだ。

ダービーまでの一か月、柴田はウイニングチケットには乗っていない。栗東に乗りに行くと柴田が言っても、伊藤は拒んだ。伊藤は調教師と騎手の仕事をきっちりと区別していた。厩舎でしっかりと馬を仕上げ、パーフェクトな状態で柴田に手綱を託す。そのかわり騎乗に関しては注文はつけなかった。

この年も、ダービーが近づくにつれて、柴田の周囲が騒がしくなっていた。騎手になって二十六年、ダービーは十八回挑んで最高着順は三着だった。一九八八年にコクサイトリプルで三着に惜敗したとき、JRAが主催する「ダービーフェスティバル」に出席した柴田は、

「勝つつもりでいる。だから、騎手をやめてもいいぐらいの気持ちで乗ります」

と意気込みを語った。これが「ダービーに勝ったら騎手をやめる」と曲解されて報道されてしまった。以来、ダービーがくるたびに「勝ったら騎手をやめる」ということばがぶり返されながら、柴田にダービーを勝たせたいという雰囲気が醸されていった。

このとき柴田は四十四歳。これが最後のチャンスだという思いが強かった。例年は快く取材を受ける柴田だが、ダービー前の取材はすべて断っている。ただ、ダービーだけに集中していたかった。

一九九三年五月三十日、第六十回日本ダービー。ビワハヤヒデ、ナリタタイシンとの「三強」という前評判のなか、ウイニングチケットは皐月賞につづいて一番人気に支持された。そこには、柴田にダービーを勝たせたいというファンの思いがずいぶん上乗せされていた。

ウイニングチケットも伊藤の目論見どおり百パーセントに仕上がっていた。ピークと言ってもよかった。馬に跨がった柴田は、パドックから馬場に入場し、返し馬（ウォーミングアップ）に移ると、皐月賞とのあきらかな違いを感じていた。

馬の状態も百ならば、レースも完璧だった。

柴田とウイニングチケットは中団のややうしろ、ビワハヤヒデを前に置いて、インコースでしずかにレースを進めていた。そのままのポジションで四コーナーをまわると、目の前がパッと開いた。勝つときとはこんなものなのだろう。さあ、ここを行きなさい。競馬の神様が導いてくれたようだった。

スパートするには早いが、柴田は迷わずその空間を突きぬけ、ウイニングチケットが先頭に立った。一呼吸遅れて空間にはいったビワハヤヒデが内から迫ってくる。外からは皐月賞とおなじようにナリタタイシンが追い込んでくる。絵に描いたような三強の戦いとなる。懸命に鞭を振るっていた柴田は、最後は万感の思いをこめて手綱を押した。

スタンドを埋めた大観衆から「政人コール」が沸きあがるなかウイニンググランをした柴田とウイニングチケットはゆっくりと地下の検量室前に戻ってくる。馬から降りた柴田に伊藤雄二が言った。

「おめでとう」

伊藤自身もはじめてのダービー優勝だったが、真っ先に口をついてでたのはダービージョッキーとなった柴田を祝福することばだった。

ダービー馬となったウイニングチケットは、秋になって京都新聞杯を勝ったが、菊花賞はビワハヤヒデの三着に負けた。つづくジャパンカップは三着と好走したが、有馬記念では十一着と大敗を喫している。四歳になっても三戦して勝てなかった。伊藤雄二はふりかえって言う。

「距離は二千四百メートルがぎりぎりだったと思います。ダービーでピークに仕上げたことで、そのあとの成長力がいまひとつだった。あの馬はダービーで燃え尽きてしまったのかもしれません」

通算十四戦六勝。GⅠはダービーの一勝だけである。それでも柴田政人をダービージョッキーにしたあの一勝で、ウイニングチケットの名前は長く語りつがれ、ダービーになると多くのファンがあの日のことを思いだす。

ネオユニヴァース

4

瀬戸口勉という人

二〇一七年十一月九日、急性白血病のために瀬戸口勉《せとぐちつとむ》が亡くなった。八十一歳だった。オグリキャップからメイショウサムソンまで幾度も取材で世話になったが、最後に会ったのは亡くなる一か月半ほど前だった。瀬戸口の自宅で、オグリキャップが二着に負けたジャパンカップの取材だった。話をしながら、瀬戸口は時折じっと目を閉じているときがあった。疲れているのだろうかと思ったが、あとになって思えば、このとき体は病魔に冒されていたのだ。

翌年の春、スポーツ誌『Ｎｕｍｂｅｒ』（二〇一八年五月三十一日号）に書いた「名伯楽・瀬戸口勉　２つのダービー馬物語」の取材で、ネオユニヴァースでダービーに勝ったミルコ・デムーロに話をきいた。調教が終わった栗東トレーニングセンターで会ったデムーロは、瀬戸口を「すごくやさしい先生でした」と言った。

「怒っているのを見たことがない。失敗しても『大丈夫、大丈夫』って。ぼくの日本のおじいさんのような人です」

こどものときに祖父を亡くしたデムーロは瀬戸口を「日本のおじいさん」と慕い、瀬戸口もイタリア人ジョッキーを家族のように迎え入れてくれたのだという。

「北橋（修二）先生、（福永）祐一くん、（西谷）誠さん……。いつも一緒で、みんな家族みたいですね。桜が咲くと、いつもあそこで花見をしました」

馬頭観音のある森を見ながら、デムーロは言った。


ネオユニヴァースは二〇〇〇年五月二十一日に北海道千歳市の社台ファームでうまれた。父はサンデーサイレンス。母のポインテッドパスはフランスで二戦して未勝利だったが、一九九四年にアメリカのせり市で一目惚れした吉田照哉（社台ファーム）が落札した。パーソナルホープという種牡馬の仔を宿していて、価格は三十万ドル（当時のレートで三千万円弱）。上場される直前にフェアリーパスという産駒がフランスのGⅢに勝っていたことも、高くなった要因だった。一九九五年、日本に輸入されたポインテッドパスは、その年パーソナルホープの産駒（スターパス、三勝）を産むと、そこから五年連続でサンデーサイレンスが種付けされる。

社台ファームとしては四頭め、サンデーサイレンス産駒としては五頭めのダービー馬となるネオユニヴァースだが、仔馬のときは脚がひょろりと長く、体もぜんたいに薄く、名血良血馬がひしめく社台ファームのなかでは、とくにめだった存在ではなかった。むしろ、おなじサンデーサイレンス産駒の兄たち――チョウカイリョウガ（九六年生、四勝）やアグネスプラネット（九九年生、三勝）――のほうが評価は高かったという。

社台レースホースの所属馬となったネオユニヴァースは瀬戸口勉厩舎にはいることになったが、瀬戸口の最初に見たときの印象は「そこそこ走ってくれるんじゃないかな」だった。ほっそりした印象だが、やわらかい歩き方が気に入った。サンデーサイレンス産駒だし、兄のチョウカイリョウガもまずまずの活躍をしていた。

ほっそりしていた馬は瀬戸口厩舎にやってきたころには五百キロに近い大きな体になっていた。「そこそこ」の馬は調教が進むうちに評価も変わってきた。

「先生、乗り味がぜんぜん違うよ」

最初にネオユニヴァースの素質を見抜いたのは西谷誠だった。瀬戸口厩舎の所属で、障害専門の騎手として活躍していた西谷は、普段の調教ではネオユニヴァースを任されていた。本格的な調教をはじめると、ネオユニヴァースは立ち上がる癖を見せるようになり、何度か落とされたこともあった。しかし西谷は、日々の調教で、それまで乗った馬とはまったく違う手応えを感じていた。

騎手は福永祐一になった。福永は、瀬戸口の親友で兄弟のようにつきあっている北橋修二の弟子だった。北橋と瀬戸口は同郷（鹿児島県鹿屋《かのや》市）で鹿屋農業高校の先輩後輩になる。瀬戸口は関西の大御所、上田武司の門下で、北橋の師匠である松元正雄の弟弟子になる。ふたりは互いを「瀬戸さん」「修ちゃん」と呼び合いずっと一緒だった。独身時代も、結婚してからも、調教師になってからも関係は変わらなかった。厩舎も前後に並び、共通の馬主も多く、いつもふたりで北海道に馬を探しに行った。そんな仲だったから、自然と瀬戸口厩舎のエースも福永祐一になっていた。

二〇〇二年年十一月九日、京都の千四百メートルの新馬戦でデビューしたネオユニヴァースは二番手から抜けだしてきた。二着に一馬身半差をつける完勝だった。

「いままでに、こんな男馬に乗ったことないですよ。GI級ですよ!」

レース後、出迎えた瀬戸口に向かって福永は興奮気味に言った。福永もまた西谷とおなじ手応えを感じていた。

GI級と福永が評したネオユニヴァースは、二戦めの中京二歳ステークスこそ三着と取りこぼしたが、年があけると白梅賞に勝って二勝めをあげる。そして、きさらぎ賞ではサイレントディール、マッキーマックスといった評判馬を負かして、一躍クラシックの有力候補として脚光を浴びることになる。

しかしここで、ひとつ問題が発生する。主戦の福永にはもう一頭、朝日杯フューチュリティステークスに勝ったエイシンチャンプという有力馬がいたのだ。この馬も瀬戸口厩舎の所属で、ファンやマスコミの注目は福永がどっちに乗ってクラシックに挑むのかに集まっていた。

福永と瀬戸口が相談した結果、福永はエイシンチャンプに乗ることになった。このときの福永の立場としては、馬を選んだのではなく、「エイシンチャンプに乗るのは自然の流れ」だったのだ。二歳チャンピオンになった馬であり、オーナーの平井豊光（玩具製造販売会社・栄進堂会長）にはずっと世話になっていて、エイシンプレストンで香港のGⅠ（クイーンエリザベス二世カップ）にも勝たせてもらった。当時のことを北橋に確認すると、「そういうことは祐一も瀬戸さんも口にしないから」と前置きして言った。

「たぶん、瀬戸さんから『エイシンさんに乗らないわけにはいかないから』と言ってくれたんだと思うよ」

瀬戸口も北橋も人とのつきあいをなによりも大事にしてきた調教師である。

一方、ネオユニヴァースの騎手は、吉田照哉からミルコ・デムーロを乗せたいという要請があった。瀬戸口に異存はなかった。ネオユニヴァースを一番知っている福永が乗れないのは痛手だが、デムーロならば安心してクラシックを任せられる。デムーロは短期免許で来日するようになって四年めだが、三年めから瀬戸口が身元引き受け調教師にもなっていた。

ネオユニヴァースにはじめて跨がったときの印象を、デムーロは「信じられない。すごい馬」と言った。

「これは絶対に走ると思いました。距離は長いほうがいい感じで、ダービーのほうがいいとも思いました」

デムーロに代わったネオユニヴァースはスプリングステークスにも勝って、皐月賞では三・六倍の一番人気に支持された。二番人気はスプリングステークス二着のサクラプレジデント、弥生賞に勝った福永のエイシンチャンプは十四番という外枠が嫌われて三番人気だった。しかし、この年の三歳牡馬のトップクラスの実力は接近し、サイレントディールやザッツザプレンティも上位三頭と差がない評価を受けており、なにが勝っても不思議でなかった。有力馬たちのレベルが高いと評価すれば「群雄割拠」になり、平凡だと判断すれば「どんぐりの背比べ」というクラシックだった。

力が接近しているクラシックは、馬の体調をはじめ、馬場状態とか枠順、展開、そして騎手の判断ひとつで勝ち負けが決まる。皐月賞もまさにそういうレースとなった。四コーナーでインコースの苦しい位置にはいりながら、直線でわずかに空いたスペースをついて抜けだしてきたネオユニヴァースは、サクラプレジデントとの競り合いの末に頭差で優勝した。エイシンチャンプは終始外を回る展開となり、三馬身半遅れた三着に敗れた。

「馬に運があった」

と、瀬戸口がはじめてのクラシック優勝を喜べば、デムーロは、

「最高のプレゼントをくれた神に感謝したい」

と、神妙に語った。皐月賞の四月二十日は母国イタリアでは「復活祭」だった。エイシンチャンプと騎乗者が重なったことで、自分に騎乗のチャンスが巡ってきたのだから、デムーロからすれば、ネオユニヴァースはまさに「神からのプレゼント」だったのである。

二〇〇三年六月一日。厩舎を開業して二十九年めの瀬戸口勉にダービーを狙える千載一遇のチャンスがおとずれた。しかも有力馬が二頭いるのだ。

デムーロはダービーにも乗ることになった。ダービーの週の火曜日に再来日したデムーロは、水曜日の調教に乗り、取材を受けているうちに金曜日になって調整ルームにはいり、慌ただしくダービーの日を迎えている。はじめて乗る日本ダービーに緊張もしたが、それを考える時間がすくなかったこともデムーロにはさいわいした。

「ミルコさん、がんばってね」

パドックで笑顔で声をかけた「日本のおじいさん」は、このとき胃の痛みを薬でごまかしていた。競馬人として夢見ていたレースに皐月賞の一、三着馬を出走させるのだ。取材陣には普段どおりに応対していた瀬戸口もさすがに緊張の日々を送っていた。オグリキャップのときにもとてつもないプレッシャーを受けたが、それとはまたべつの緊張感がダービーというレースにはあった。気がついたときには胃潰瘍になっていた。

このとき瀬戸口は六十六歳。定年まで四年しか時間がない。それまでダービーには六頭出走させ、一九九四年のマルカオーカン（七着）以外は二桁着順だった。岐阜県の笠松競馬場からやってきたオグリキャップはクラシック登録がなかった（当時は追加登録は認められていなかった）。騎手時代は体が大きいこともあって騎乗馬に恵まれず、ダービーは二度乗って八着（一九六五年マサユキ）が最高だった。

ことし勝てなかったら、もうダービーは取れないな――。

そう思って臨んだダービーには妻とふたりの娘も応援にやってきていた。家族が瀬戸口の気持ちを一番知っている。

二冠がかかるネオユニヴァースは単勝二・六倍の一番人気。皐月賞二着のサクラプレジデントが二番人気で、青葉賞に勝って四戦三勝のゼンノロブロイが三番人気に推されている。エイシンチャンプは五番人気だった。

前日の雨で芝の状態はよくなかった。しかし、ネオユニヴァースは重馬場がいいと感じていたデムーロは喜んでいた。レース序盤は後方の内でじっと我慢し、三コーナーすぎから自分でハミを噛んであがっていった。そして四コーナーでは先行馬たちが外に進路をとると、ネオユニヴァースの前がぽっかりと空いた。あとはそこを抜けてくるだけだった。鞭も使わず、馬の走るがままにゴールまで駆けぬけた。外から追い込んできてしぶとく食い下がっていたゼンノロブロイに半馬身の差をつけゴールする瞬間、鞭をもつデムーロの右手が高々とあがった。

口取り写真には瀬戸口の家族も加わった。瀬戸口の目が潤んでいた。娘たちが父の涙を見たのはこのときがはじめてだった。

「わしらは鹿児島の男だから。こころで思っていても、口にはださない。そういう感覚の世代なんだよ」

北橋は言う。マスコミの前ではプレッシャーなどどこ吹く風のようにふるまい、胃の痛みを隠し、勝ってちょっとだけ涙を見せた瀬戸口は薩摩隼人である。

初めてジャパンカップを見たときから日本の競馬にあこがれ、ＪＲＡの騎手になりたいと願っているデムーロはゴールインしてからずっと泣いていた。ウイニングランをしてスタンド前に帰ってくると「ミルコ！　ミルコ！」の大歓声がきこえる。ずっと夢のなかにいた。

その夜の祝勝会で、酒は弱いのに「べろべろに酔い」朝まで踊っていたというイタリア人ジョッキーは、すっかり北橋・瀬戸口ファミリーの一員になっていた。

ダービーのあとネオユニヴァースは吉田照哉の希望で宝塚記念に出走する。秋には三冠馬の期待がかかる三歳馬を古馬の強豪にぶつける勇気あるチェレンジだったが、ヒシミラクルの四着に敗れた。

秋。ひさしぶりに福永が手綱を取った神戸新聞杯は歯替わりの影響もあって三着だった。菊花賞では「その年に同一馬でGI二勝以上した外国人騎手が、その馬でGIに騎乗するときは、短期免許の枠外で騎乗を認める」という奇妙な特例が設けられ、デムーロの騎乗が可能になったのだが、おなじ社台ファーム産で社台レースホースのザッツザプレンティの三着に敗れ、三冠は成らなかった。

その後もネオユニヴァースにはデムーロが乗り、ジャパンカップ四着、四歳になって大阪杯に勝ったが、天皇賞で十着に大敗する。そして宝塚記念に向けて調教中に屈腱炎を発症し、引退が決まった。

引退後は社台スタリオンステーションで種牡馬となったネオユニヴァースはヴィクトワールピサ（皐月賞、有馬記念、ドバイワールドカップ）をはじめロジユニヴァース（ダービー）、アンライバルド（皐月賞）など多くの名馬、活躍馬をおくりだした。

瀬戸口勉は二〇〇六年にメイショウサムソンで二度めのダービーを制し、翌年引退した。ミルコ・デムーロは二〇一五年には念願だったＪＲＡの騎手となり、ドゥラメンテで二度めのダービーを制した。そして、エイシンチャンプでダービー十着だった福永祐一は、二〇一八年にワグネリアンでダービージョッキーとなり、二〇二〇年にはコントレイルで無敗の三冠を成し遂げた。

キングカメハメハ

大王は大種牡馬

5

ネイティヴダンサーが好きだった。もちろん、物の本で読んだだけである。芦毛で「灰色《グレイ》の幽霊《ゴースト》」と呼ばれていたという。一九五〇年代のアメリカを代表する名馬で通算成績は二十二戦二十一勝、唯一の敗戦がケンタッキーダービー二着だった（負けた相手はダークスター）。母はゲイシャ（その母はミヤコ）といい、父のポリネシアンをかけ合わせてネイティヴダンサーがうまれた。ノーザンダンサーの母の父としても知られ、名前を世界的な大種牡馬に継承した。だから、ニジンスキーもヌレイエフも名前のルーツはゲイシャということになる。

種牡馬になってからも子や孫からすばらしく強く、個性的な馬があらわれた。ダンキューピッドから「世紀の名馬」シーバードがでた。ホワイトフォンテンの父ノーアリバイもダンキューピッド産駒だ。日本で種牡馬になった産駒も多く、アメリカの二冠馬カウアイキングは皐月賞馬ハワイアンイメージの母の父で、その皐月賞で三着だったハワイアンジュエルの父だ。エタンは「底力のない短距離血統」という評価だったが、ヨーロッパに残してきたシャーペンアップの系統から多くのＧＩ馬が誕生している。そしてダンシングキャップ。オグリキャップの父である。

ネイティヴダンサーの血を後世に伝えたのがレイズアネイティヴである。アメリカの三冠馬アファームドの祖父で、その三冠すべてで二着だったアリダーの父だ。さらにミスタープロスペクターを中核としてこの系統は世界中に広がっていくのだが、ミスタープロスペクター産駒で思いだすのはコンキスタドールシエロである。一九八二年、故障でケンタッキーダービーにはでられなかったが、マイルのＧＩを七馬身半差でレコード勝ちした一週間後に十二ハロン（約二千四百メートル）のベルモントステークスを十四馬身差で勝った馬だ。さすがに常識外れの大物をだすネイティヴダンサー系だと、スポーツ紙の小さな記事を見て思ったわたしは、その年のダービーでホープフリーオン（アリダーの全兄）産駒のロングヒエンを買ったが、フライングで外枠発走になってしまった。以来、いつか日本でもコンキスタドールシエロのような馬が現れてほしいと、ずっと願っていた。

上場番号九十三の馬が母馬と一緒に舞台にでてきた。ちょっと小ぶりだがいい馬だと、金子真人《まこと》がチェックしていた馬だ。二〇〇一年七月九日、北海道苫小牧市にあるノーザンホースパークでは日本競走馬協会が主催するせり市、セレクトセールが開かれていた（この年は当歳馬のみ)。九十三番の馬は「マンファスの2001」という。生産牧場は北海道勇払《ゆうふつ》郡早来《はやきた》町（現安平《あびら》町）のノーザンファーム。三月二十日うまれの牡馬で、毛色は鹿毛だ。

血統もすばらしかった。父のキングマンボはミスタープロスペクターとブリーダーズカップ・マイル連覇など欧米でＧＩ十勝のミエスクの間にうまれ、自身もフランスで二千ギニーなど三つの千六百メートルのＧＩに勝っている。種牡馬になって一年めからエルコンドルパサーをだすなど世界的にも名種牡馬として評価が定まっていた。母のマンファス（父ラストタイクーン）は未勝利馬だが、二〇〇〇年四月に最初の産駒ザデピュティがサンタアニタダービー（アメリカＧＩ）に勝ち、キングマンボの仔を宿した状態でノーザンファームによって購入されている。

金子はエージェントも馬係といわれるような者もつけずに、自分の目で見て、自分の判断で馬を買っている。セレクトセールには四年前の第一回から参加しているが、上場される馬はすべて自分の目で見ている。大袈裟でなく、どの調教師よりも見ているはずだ。数多く馬を見ているうちに、なんとなくいい馬だなというのがわかってくる。日本で最高レベルのせりに上場される馬は基本的にいい馬で、掘り出し物を探すわけではないから、それでじゅうぶんだと金子は思っている。競馬は趣味だから、値が張ってもいい馬を買いたい。

金子が馬主になったのは六年前だった。

ＩＴ技術の開発販売を手がける会社（株式会社図研）を営んでいる金子の趣味はゴルフで、ハンデ三という腕前である。ゴルフ仲間にハンデ二の人がいて、よく一緒にプレーしていた。

趣味としてはかなり高いレベルでゴルフをしていると、飽きがくるというか、なんとなく違うこともやってみたくなった。あるとき、金子は友人に言った。

「ゴルフ以外におもしろいことないかな」

「金子さんならば、馬を持ったらたのしいと思うよ」

友人は馬主でもあった。金子は競馬というものにまったく関心がなく、馬券を買ったこともない。興味を示さない金子を見て、友人はつづけた。

「こどもや孫が運動会で走っているのを応援する。競馬にはそんなたのしさがある」

このことばに金子はこころを動かされた。

それからしばらくして、友人に連れられてノーザンファームに馬を見に行った。牧場風景のうつくしさと仔馬のかわいらしさが印象的だった。後日、ノーザンファームの吉田勝已からも勧められて馬主申請をし、当歳の牝馬を五頭買った。しかしその五頭がぜんぜん走らなかった。当時はまだ、めぼしい馬は牧場とバイヤーの直接取引（業界用語で「庭先取引」）で売買されていたときだった。それでも二年めにはブラックホークとブロードアピールが現れ、さらにトゥザヴィクトリー、クロフネとつづいた。この年の春にはクロフネがＮＨＫマイルカップに、ブラックホークが安田記念に勝っている。金子はもっとも勢いのある新進馬主として名前が知られるようになっていた。

この日、金子は「マンファスの２００１」を七千八百万円で落札している。この年のせりでは上から十番めの価格だった。ちなみに金子が買った一番（全体で五番）の高額馬は九千七百万円。ディープインパクトの兄となるブラックタイドである。こちらは「こんなにいい馬がいるのか」と思えるほどすばらしい仔馬だった。

「マンファスの2001」は父親の名前をとってキングカメハメハと名づけた。金子はハワイが好きでたびたび行っていた。名前をつける前にも行って、カメハメハ大王像の前に立って手を合わせた。

「競走馬に大王のお名前をつけさせてください。お願いします」

ポリネシアンとゲイシャの間にネイティヴダンサーが誕生してから半世紀。偉大な名馬が唯一勝てなかったケンタッキーダービーに勝った産駒はカウアイキングだったが、それよりも偉いハワイの大王が、日本に現れた。

二〇〇三年の秋、キングカメハメハは栗東トレーニングセンターの松田国英《くにひで》厩舎にはいった。ブロードアピールやクロフネなど金子真人の馬を預かっていた松田はセレクトセールのときもキングカメハメハを見ていたが、調教が進むうちに評価が高くなっていく。せりのときには「ちょっと小ぶり」だった馬は体重も五百キロ前後の大きな体になっていた。松田はデビュー前からダービーを目標にして、長めの距離のレースを選び、トップジョッキーを起用していく。

デビュー戦は安藤勝己で臨んだ。十一月京都の千八百メートル。中団から追い込んで勝った。二戦めのエリカ賞では武豊が乗り、新馬戦とおなじようなレースで勝っている。

しかし、三歳初戦の京成杯では短期免許で来日していたイタリア人のダリオ・バルジューが乗って三着に負けた。後方からいい感じで追いあげてきたが、直線では意外ともたつき、外から追い込んできたフォーカルポイント（一着）に抜かれ、前にいたマイネルマクロスも捉えられなかった。これがキングカメハメハの唯一の敗戦となる。

四戦めのすみれステークスは安藤勝己が乗り、中団からゆっくり差を詰め、直線で楽に抜けだした。つづく毎日杯は安藤勝己はドバイに遠征していて、福永祐一が騎乗した。一番人気は二戦二勝のイギリス産馬シェルゲーム（二着）に譲って、全八戦でたった一度の二番人気となったが、三番手から抜けだしてあっさりと勝った。

問題となったのはここからのローテーションである。松田は調教師になったときから「種牡馬になるような馬に携わりたい」と公言していた。種牡馬として評価されるためには六歳七歳になってＧＩに勝っても高い評価は得られない。生産者も馬主も求めている種牡馬は二歳三歳の早い時期に活躍できる馬だ。加えて松田には、スピードが求められるいまの競馬では「千六百メートルで一番強い馬が種牡馬であるべき」という信念があった。だから、種牡馬となる馬の理想はＮＨＫマイルカップとダービーに勝つ馬である――。

松田はタニノギムレットとクロフネでこれにチャレンジしている。タニノギムレットは皐月賞とＮＨＫマイルカップで三着になったあとダービーに勝った。アメリカ産馬のクロフネは当時皐月賞の出走権がなく、毎日杯、ＮＨＫマイルカップを連勝して臨んだダービーは五着に終わった。中二週という短い期間で、カテゴリーの違う距離のＧＩを連勝するのは至難の業《わざ》である。

松田は皐月賞を回避し、ＮＨＫマイルカップからダービーという選択をする。金子も了承してくれた。おなじローテーションはクロフネでも経験しているし、騎手やレースの選択は調教師に任せるのが金子の姿勢である。

キングカメハメハはマイラー血統である。父のキングマンボも母の父のラストタイクーンもマイラーだ。尻が大きくパワフルな体を見ても、千六百メートルで一番強い馬だと松田は思っていた。ここまではずっと千八百メートル以上の距離で勝ってきたのは、騎手の指示どおりに中団からうしろで折り合ってゆっくりと進み、最後の四百メートルぐらいを真剣に走る。そういう芸当ができる馬だったからだ。

ＮＨＫマイルカップは松田が思っていたとおりの、いや、それ以上の走りを見せた。終始中団の外でレースを進めたキングカメハメハは、直線に向くと一頭だけ別次元のスピードで前の馬を抜き去り、さらに差を広げていく。ゴールするときには安藤の手綱はしっかりと抑えられ、それでも二着のコスモサンビームに五馬身という差をつけていた。優勝タイム一分三十二秒五はレースレコードだった。

レース後のインタビューで、安藤は「きょうの勝ち方なら、ダービーも大丈夫だと思います」と笑顔で語った。松田とは逆で、安藤は距離は長いほうがいい馬だと思っていて、ＮＨＫマイルのほうを心配していたのだ。だから、マイル戦でこれだけの走りができれば二千四百メートルではさらに強いはずだ。このとき、安藤にはもう一頭、京都新聞杯を勝ったハーツクライもいて、ダービーでどちらに乗るかは正式には決まってなかったが、だれが乗ってもキングカメハメハが勝つだろうと思っていた。

岐阜県の笠松競馬場では十九年連続リーディングジョッキーとなり、地方から中央への移籍が可能になると、四十三歳になった二〇〇三年にその最初の騎手として中央に移籍した。中央のダービーは、笠松所属のまま乗った二〇〇二年（十七着サスガ）、前年のザッツザプレンティ（三着）につづいて三度めの騎乗となる。

五月三十日、日本ダービー。安藤を背にしたキングカメハメハはふたたび驚くべき走りをみせる。

マイネルマクロスが一頭飛ばして逃げるなか、序盤はいつものように中団でしっかりと折り合い、リズムよく走っている。三コーナー過ぎから追いあげ、四コーナーをまわると外から先行集団に並びかける。安藤も相当の手応えを感じていたのだろう。ダービーの本命馬にしては積極的な、攻めのレースをしている。もし負けていたら「早く動きすぎた」と批判される騎乗である。

直線に向くと、二番手から先頭に立ったコスモバルクが前でふらつくシーンがあったが、意に介さず、抜き去り、先頭に立つ。キングカメハメハを執拗にマークしながら迫ってきたハイアーゲームを突き放し、そのままゴールに向かう。最後に大外から横山典弘に乗り替わったハーツクライがはげしく追い込んできたが、すでに大勢は決していた。

中央に移籍して二年めでダービーに勝った安藤は、ゴールの瞬間、ひかえめに右拳をあげてガッツポーズをした。その直後、着順掲示板を見た人々が歓声をあげた。優勝タイムは二分二十三秒三！　一九九〇年のアイネスフウジンのダービーレコードを二秒も更新する、にわかには信じられない数字が点《とも》っていた。

ネイティヴダンサー系の馬が日本ダービーに勝つのはこれがはじめてだった。NHKマイルカップを五馬身差で独走し、その三週間後に驚異的なタイムでダービーを制したキングカメハメハを見ながら、わたしは、二十二年前の小さな記事で想像を掻《か》きたてられた馬を思いだす。コンキスタドールシエロ。「天空の征服者」――。

キングカメハメハは神戸新聞杯を快勝し、天皇賞をめざしていたが、右前脚浅屈腱炎を発症、そのまま引退して社台スタリオンステーションで種牡馬となった。種牡馬としての実績はここで書く必要もない。名馬となった多くの子や孫の走りがキングカメハメハの偉大さを語ってくれている。

第2章

きれいな牝馬は、好きですか

タマミ 6
天下の美少女

若いころ、自分の知らない名馬のほとんどは活字をとおして知識を得て、そこから想像を広げてきた。インターネットもなく、過去の映像を簡単に見られない時代だった。しかし、タマミのばあいはちょっと違う。わたしのなかに入ってきた情報の多くは活字でも映像でもなく、人のことばだった。タマミを知る先輩たちは異口同音に熱く語った。タマミはほんとうにかわいい馬だった——。

編集者だったときの上司は、不良馬場になったオークスは勝てないとわかっていても単勝を買い、タマミが先頭でくるはずの四コーナーに近い柵沿いで見ていた。それだけ好きだった、と話していた。

あるカメラマンは言った。「タマミほどかわいい馬はいないよ」。その人はわたしが「かわいい」と言ったメジロハイネについては同意したが（どうやら、わたしたちは知り合うずっと前に、東京競馬場のパドックを歩くメジロハイネのおなじ仕草をおなじ場所から見ていたようだった）、それでもやっぱりタマミが一番かわいいと言った。

たしかに、写真で見たタマミは先輩たちが言うようにかわいらしい馬だった。毛色は鹿毛だが、栃栗毛のように淡い。目は大きく丸い。顔には綿菓子でつくったように白くやわらかそうな毛が、かたちよく流れている。そして、なによりも目を引くのは丸みをおびた尻である。跳ねるようにして走っている写真を見て、わたしはディズニーアニメのバンビを連想した。

当時、『優駿』の編集長だった宇佐美恒雄もタマミに魅せられたひとりだった。桜花賞のあとタマミの故郷をたずねたレポート（『優駿』一九七〇年五月号）はこんな書きだしではじまっている。

〈桜花賞のパドックで見たタマミは、実に美しかった。〉

さらに、桜花賞一番人気のタマミのよさはどこにあるのだろうと書き、つづける。

〈いかにも牝馬らしい、ふっくらとしたからだつき、それでいて腰のあたりには、強靱なバネが秘められているようだ。出来は最高と見受けられるが、なによりも眼を奪われたのは、その綺麗な顔、つぶらな瞳であった。なんという美しさだろう。〉

タマミは一九六七年五月八日、北海道浦河町の松橋一男牧場でうまれた。松橋牧場はシンザンの生産牧場でもある。シンザンのときは一男の父、吉松が生産者だったが、吉松はシンザンのダービーの前に亡くなっていた。タマミがうまれた年、松橋牧場には五頭の繁殖牝馬がいて、四頭の仔馬がうまれた。それを家族と牧夫ひとりで世話をしている、日高地方のどこにでもある家族牧場である。これだけの牧場が短い期間にシンザンとタマミで四つのクラシックを勝ちとったのだから、奇跡というほかない。

タマミの父カリム（フランスで十三戦四勝）は偉大なネアルコ（十四戦無敗で世界の根幹種牡馬）の産駒で、クニイサミ（七夕賞など五勝。皐月賞、ダービーはメイズイの三、四着）などスピードのある馬をだしていた。タマミのあとにも「アラブの魔女」の異名をとったイナリトウザイをだし、ハイセイコーの母の父としても有名になるが、三千二百メートルの天皇賞に勝つ馬が最強とされた時代のなかでは「距離がもたない二流種牡馬」でしかなかった。

母のグランドフオード（父トサミドリ）は地方で走った馬だった。母系は三菱財閥の小岩井農場が輸入したビユーチフルドリーマーにさかのぼるが、曾祖母のクリススム（九勝）が重賞となる前の札幌記念に勝っているのがめだつ程度で、近親に中央の重賞勝ち馬はいない、名門でも傍流という評価だった。

前出の宇佐美恒雄のレポートによれば、グランドフオードの馬主（伊藤幸太郎）は、タマミのときにはグランドフオードに配合する種牡馬は松橋に任せていた。松橋がカリムを選んだのは、おっとりした牝馬だったので気の強い種馬をつけたかったからだという。カリムはかなりの悍馬《かんば》で、宇佐美が種馬場に見に行くと、牧夫が二人がかりで馬房から引きだそうとしたが、まったく寄せつけようとせず、なかなか大変だったと書いている。

秋になり、離乳して一か月ほどすると、グランドフオードの仔は静内町の伊藤牧場に移って育成されている。しかし、体は小さく、これといってめだった特徴もない馬だった。馬主の伊藤は仔馬を売ることにしたが、血統も見た目も地味で、買い手はなかなかつかなかった。

この馬をひきとることになったのは東京競馬場の坂本栄三郎調教師で、坂本栄蔵という馬主が所有し、タマミと名づけられた。桜花賞のあと、『優駿』（一九七〇年五月号「うまや訪問」）の取材で坂本厩舎をたずねた西野広祥《ひろよし》（慶応大学教授）の「あまり高い馬ではなかったんですか」という問いにたいして、坂本はこう答えている。

〈ええ、もう決して。ちょっとしたイキサツで、私のところに来ることになったんですが、それを思うと、どこでどうなるのかわからんものだなァ、という感じになりますね。〉

祖母のクリゾノは中央で走って未勝利だったが、坂本が乗っていたという縁もあった。坂本は騎手から調教師に転じ、一九六四年に開業したばかりで、タマミが桜花賞に勝ったときは五十二歳。調教師としてはまだ若手だった。競馬場にきた当初のタマミは、見た目は一歳馬のように細かったが、尻の大きさがめだっていた。坂本は「あの馬は尻で走っているんです」と西野に語っている。

タマミのデビューは二歳の八月下旬、秋競馬の開幕を告げる東京開催となった。騎手は新人の田村正光（東京・稲葉幸夫厩舎所属）になった。デビュー三週めには東京障害特別に勝ち、一年めは二十五勝をあげてリーディングの三十七位にはいることになる有望新人である。

デビュー戦（ダート千メートル）はスタートから後続を引き離して逃げ、最後は苦しくなったが、ぎりぎり逃げきっている。二戦めもおなじコースの特別で、やはり逃げて二着だった。そのあとは芝の特別で四連敗した。抑え気味に先行させてはうまくいかず、重馬場や不良馬場ではまったくレースにならずに惨敗した。だが、十二月の寒菊賞ではスタートから飛ばして逃げると、二着に四馬身差をつけて勝っている。これでレーススタイルは決まった。タマミは逃げてこその馬だった。

一九七〇年。三歳になったタマミは四歳牝馬ステークスをレコードタイムで逃げきり、ダートのクイーンカップも五馬身差で楽勝する。これで三連勝。関東のクラシック候補として大きくクローズアップされてきた。

坂本は二連勝した時点で関西遠征を考えていた。トライアルで阪神コースを経験させてから桜花賞に向かうには関西に長期滞在しなければいけないし、見習い騎手の田村に替わる騎手を探さないといけない。坂本は旧知の吉田三郎に電話をいれて相談した。吉田の師匠三井末太郎は、坂本の師匠大久保福蔵や坂本が一時所属していた大久保末吉の弟という関係だった。阪神競馬場から新設された栗東トレーニングセンターに厩舎を移したばかりの吉田は、

「お前のところにそんな馬がいるのか。それなら任せておけ」

と言って、阪神時代からなじみの高橋成忠《しげただ》に騎乗を依頼してくれた。

高橋は五年連続の関西リーディングジョッキーで、桜花賞は三年前にシーエースで勝ち、翌年は九番人気のトーホウクインを四着に導き、前の年は一番人気のトウメイで負けはした

が二着だった。タマミ陣営にとって運がよかったのは、高橋はこの年はまだ桜花賞に乗る馬が決まっていなかったことだ。阪神コースを知り尽くした高橋ならば安心してすべてを任せられる。

クイーンカップに勝った三日後の二月十八日、タマミは桜花賞をめざして栗東トレセンに向かった。栗東の出張馬房は一番奥の外れにある。二十馬房ある厩舎に一頭だけぽつんと入れられたタマミは、まわりに馬がいなくて寂しかったのか、食欲も落ち、体重を二十キロも落としてしまった。坂本が見に行ったときには「これがタマミかと思うほど」だったという。しばらくして松山吉三郎厩舎（東京）のスターウイング（クイーンカップ二着）が出張馬房にやってくると、仲間を得たタマミの精神状態も落ち着き、すこしずつ体調を戻していった。

栗東に来ておよそ一か月、阪神四歳牝馬特別（現フィリーズレビュー）に出走する。タマミは関西のタニノタマナーにつづく二番人気だったが、好スタートから先頭に立つと、そのまま逃げきっている。二着に三馬身半差。本番を前に関西馬たちにスピードの違いを見せつけた。

四月五日、桜花賞。栗東の生活にもすっかりなじんだタマミは完璧に仕上がり、パドックでは宇佐美が見惚れたうつくしい馬体を披露していた。金曜日に雨が降ったが、この日は天気もよく、芝は絶好の良馬場となった。

この年は、桜花賞トライアルの日に開幕した大阪万博があった。電車の混雑などを考慮して、桜花賞は八レースに組み込まれ、スタート時刻は二時四十分と早まっている。

桜花賞もタマミは逃げた。スタートから手綱を動かして先頭を奪いながらも、高橋は冷静だった。向こう正面でタニノタマナーが競りかけてきても、馬を落ちつかせながら先頭は譲らない。スピードには絶対的な自信がある。そのまま三、四コーナーをまわると、追いかけてきた馬たちは後退し、直線はタマミの独走となった。栗東の厩舎で一緒だったスターウイングが内から追い込んできたが、それでも楽々と四馬身差を保ってゴールインする。

この日、阪神競馬場には桜花賞の史上最多（当時）となる七万四千九百二十二人が入場したが、その大観衆の前で、タマミは自身のうつくしさとスピードをたっぷりと披露した。五連勝で桜花賞馬となったタマミは競馬ファンのアイドルとなっていた。二冠をめざしたオークスの東京競馬場は九万一千三百六十五人のファンで埋まった。これも当時のオークス最多入場者である。そのなかにはタマミのことを熱く語った先輩たちもいた。

しかし、前夜から降りつづいた雨はレースのときにはあがっていたが、芝コースは最悪の不良馬場だった。二千四百メートルもカリム産駒には長すぎるのはあきらかである。それでも単勝支持率二十五・七パーセントの一番人気に推されたタマミはいつものようにスタートから先頭に立って逃げたが、三コーナー手前で内側からジュピックに先頭を奪われ、四コーナー手前で奪い返したものの、直線ではすでにスタミナが尽きた。内埒沿いを逃げたジュピックがそのまま二着に五馬身の差をつけて独走し、タマミは十四着と大敗した。

ここで生産者の松橋一男についてふれておく。『AERA』の創刊三号（一九八八年六月七日号）の「現代の肖像」に「シンザンの元牧場主」（文・木内宏）として松橋のことが描かれているのだが、読んだときは競馬ファンとしてショックだったことを覚えている。このとき松橋は土木作業員として働いていた。

日高の小さな牧場から名馬が誕生すると、生産者がおかしくなるという話はわたしもよく見聞きしたが、記事を読むと、松橋もそうだったようだ。シンザンのときは、松橋は三十歳代半ばと若かったし、養子だったという事情もあった。養父（吉松）が亡くなり、シンザンの活躍で金回りがよくなった松橋は高級外車を乗りまわし、趣味はライフル銃とゴルフ、酒、麻雀に興じ、札幌でも派手に遊んだ。それでもタマミがでたのだから、勘違いは加速する。オークスの日、東京競馬場にきていた松橋はタマミの単勝に八十万円賭けたという。

このオークスから、牧場は徐々に苦しくなっていった。タマミの弟が放牧中に怪我をして競走馬になれず、シンザンの母ハヤノボリも不受胎や流産がつづいたのちに死んだ。借金は雪だるま式に膨らんでいき、九年後に松橋は牧場を売ることにした——。

一方、オークス以後のタマミは四歳の夏まで十二戦して二勝した。当時は牝馬限定戦も短距離重賞もすくなく、タマミに適したレースはほとんどなかったが、中島啓之が乗ったスプリンターズステークスは不良馬場で勝ち、千六百メートルの牝馬東京タイムズ杯二着、千七百メートル（ダート）の京王杯スプリングハンデ（勝負服はおなじだったが、馬主は影山明という人物になっている）は増沢末夫で勝った。あとの九戦は千八百メートル以上のレースで三着が三回である。最終的には千七百メートル以下では十四戦八勝、二着三回、千八百メートル以上では十戦して三着三回に終わった。これがタマミという美少女の姿だった。

引退後、タマミは仔馬のときに過ごした伊藤牧場で繁殖牝馬となったが、五頭（牡四頭、牝一頭）の産駒を残し、十歳で死んでいる。タマミの血筋の存続は娘のメナコマチ（父ロムルス。中央で二勝）に委ねられたのだが、メナコマチの娘で母親になれたサンエイロッキー（父サンエイソロン。金沢競馬で四勝）は牝馬を産むことなく、タマミの血筋は途絶えてしまう。

メナコマチにはトウショウボーイとの間にできた栗毛の牡馬がいた。母は美少女タマミの娘。父は日本一の美男といわれたトウショウボーイ。トウショウボーイファンのわたしは、いったいどんな馬なのだろうかと楽しみにしていたのだが、この牡馬を見ることはなかった。

7

シスタートウショウ

才色兼備のサラブレッド

一九九一年の夏。秋のGI戦線に向けて休養中の有力馬たちを取材するために函館競馬場に行った。函館ではメジロマックイーン、メジロライアンなど多くの有力馬がトレーニングされていて、牝馬の二冠を分けあったシスタートウショウとイソノルーブルもいた。

「いやあ、きれいだな。こんなにきれいな顔の馬、見たことがない」

カメラマンがレンズを向けていたのはシスタートウショウだった。現像したフィルムを見ると、顔の写真が多かった。その気持ちがよくわかった。

シスタートウショウはとにかくきれいな馬だった。あかるい栗毛で、スタイルがいい。そしてなによりも目をひくのが、カメラマンも魅せられた美貌である。

わたしがはじめてシスタートウショウを見たのはデビュー二戦めの福寿草特別だった。たまたま仕事で京都競馬場に行っていたのだが、父トウショウボーイのファンだったこともあり、新馬戦で強い勝ち方をした娘を見るのが楽しみでならなかった。

パドックを歩くシスタートウショウは一頭年上の馬が混じっているかのように落ち着いていた。モデルが自分のうつくしさを周囲に見せようとするように、パドックを囲むファンを眺めながら歩いている。

「この馬は撮っておいてください」

一緒に仕事をしていたカメラマン（函館とはべつの人）に頼んだ。クラシックに向けて写真が必要になるのは間違いない。

レースも余裕たっぷりに勝った。

カメラマンも驚いていた。

「ほんと、この馬は強いわ」

そして、そのまま無敗で、史上最高レベルとも言われた桜花賞を圧勝した。

シスタートウショウはまさに才色兼備のサラブレッドだった。


日高地方の海沿いをとおる国道二百三十五号線を東静内から山に向かって折れ、そのままずっと走りつづける。民家も対向車もなくなり、それでもなお山のなかを進むと、やがて牧場が見えてくる。そこが藤正《とうしょう》牧場である。学生のときにはじめて見学に行って以来、わたしはなんども山のなかの牧場に行った。トウショウボーイの取材をし、トウショウボーイと母のソシアルバターフライの墓参りもした。牧場の血統の話をきいた。牧場風景を撮る写真家に同行した。シスタートウショウの故郷として取材し、母となった彼女にも会った。やがて牧場名はトウショウ牧場にかわり、平成の大合併によって静内町は新ひだか町になっていた。

オーナーブリーダーだからか、山奥にぽつんと存在していたからか、藤正牧場にはどことなく浮き世離れした雰囲気があった。ほかの日高の牧場とは違って、すべてがおおらかで、時間もゆっくりと流れているように感じる。シスタートウショウはそんな牧場で、一九八八年五月二十五日に誕生した。

藤正牧場の三代めの場長だった志村吉男の評価では、シスタートウショウは両親の長所だけを受け継いでうまれた馬ということになる。父のトウショウボーイは前（胸部）が弱く、トモ（腰）が発達していた。母のコーニストウショウ（父ダンディルート）は前が勝って、トモがさびしい馬だった。しかし、娘は前もトモもりっぱに発達した馬だった。

シスタートウショウの母系をみると、コーニストウショウも祖母のローズトウショウ（浦河・鎌田牧場産）も未勝利だが、曾祖母のワカシラオキは二冠馬コダマの妹で、かつて日高の生産者の間でもっとも人気があったシラオキの系統である。しかし、ローズトウショウの産駒はステイヤーズステークスなどに勝ったトウショウロック以外は期待ほどの成績を残せなかった。

初代場長の沼田正弘は自分でアメリカから買ってきたソシアルバターフライの仔や孫が大活躍していたこともあったのか、「シラオキ系は売り血統。オーナーブリーダーが長く所有する系統ではない」という考えから、ローズトウショウ系の牝馬を売却していく。生産界ではよく、売った牝馬から活躍馬がでると言われているが、藤正牧場も例外ではなく、ローズトウショウの孫アテナトウショウは菊花賞馬マチカネフクキタル（浦河・信成牧場）の母となり、シスタートウショウの姉エナジートウショウの孫にウオッカ（静内・カントリー牧場）がうまれた。

じつは、コーニストウショウも売却リストに載っていたそうだが、二代め場長の成田勝四郎が体型を見て「ひょっとしたらいい仔をだすのでは」と思って牧場に残したのだという。ローズトウショウ系の牝馬でたった一頭残されたコーニストウショウが産んだシスタートウショウが、トウショウボーイの皐月賞以来十五年ぶりのクラシックを藤正牧場にもたらした。

シスタートウショウを預かることになったのは栗東トレーニングセンターの鶴留《つるどめ》明雄である。元々は京都競馬場の武田文吾調教師の弟子だった鶴留は、おなじ京都の戸山為夫厩舎の騎手を経て調教師になった。戸山との関係から「トウショウ」の馬を預かるようになり、京阪杯など四つの重賞に勝ったトウショウレオ（ソシアルバターフライの孫）などの活躍馬を育ててきた。

騎手は角田《つのだ》晃一になった。最初は岡潤一郎を予定していたが、デビュー戦のときにたまたま岡が騎乗停止になっていて、角田に声がかかったのだ。鶴留と角田の師匠である渡辺栄は武田文吾厩舎で兄弟弟子にあたる関係だった。騎手になって二年めの角田は十一月に二十歳になったばかりだが、一年めに四十三勝をあげてＪＲＡ賞（最多勝利新人騎手）を受賞し、この年はサマンサトウショウのエプソムカップなど三つの重賞に勝っていた、もっとも注目されていた若手騎手だった。

シスタートウショウのデビューは一九九〇年十二月八日、京都の千六百メートルだった。四百八十キロの体重が示すようにまだ仕上がり途上だったが、二番手から抜けだして楽勝している。ただ、スタートがあまりよくなく、大きなストライドで走る馬なので、鶴留も角田もオークス向きの馬だという意見で一致した。

オークスを意識して二戦めは二千メートルの福寿草特別を使い、ここもあっさりとクリアする。体重も十六キロ減り、だいぶ絞れてきていた。

この時期、シスタートウショウには前脚に〝ソエ〟（管骨骨膜炎）の症状があり、三戦めはすこし間隔をあけてチューリップ賞（当時はオープン特別）となった。重賞二勝のスカーレットブーケも出走してきたが、まったく相手にしなかった。最初は中団を進み、三コーナー過ぎから早めに動きだすと、そのまま押しきっている。二着のスカーレットブーケとの差は二馬身半。決定的な差をつけていた。

一九九一年四月七日、桜花賞。阪神競馬場が改修工事のために京都競馬場での開催となったが、この年は史上空前のハイレベルという前評判だった。牡馬を相手に重賞に勝ってきた馬が何頭もいて、「四強」あるいは「五強」ということばがスポーツ紙に躍っていた。

人気順に記すと、報知杯四歳牝馬特別（現フィリーズレビュー）を逃げきって五戦五勝のイソノルーブル、デイリー杯三歳ステークス、ペガサスステークスと重賞二連勝中のノーザンドライバー、札幌三歳ステークスとクイーンカップの優勝馬スカーレットブーケ、そしてシスタートウショウまでが「四強」。これに函館三歳ステークスとシンザン記念に勝ったミルフォードスルーを加えると「五強」になる。

陣営がオークス向きだと公言していたこともあってか、四番人気と評価が思いのほか低かったが、脚の痛みを気にしないで調教ができるようになっていたシスタートウショウは、デビュー以来最高といえる状態で桜花賞当日を迎えていた。鶴留もかなりの手応えを感じていたのだろう、レース前に角田にひとことだけ言った。

「ノーザンは気にするな」

鶴留厩舎にはもう一頭、岡潤一郎が乗るノーザンドライバーがいたが、鶴留のことばには、ノーザンドライバーに遠慮しなくていい、という意味が込められていた。

ところが、スタート前にアクシデントがおきる。イソノルーブルの右前脚の蹄鉄が外れてしまったのだ。蹄鉄の打ち直しがおこなわれたが、馬が興奮して暴れ、なかなか打てないでいた。この年は、ちょうど競馬ブームの最中で、京都競馬場には十万人近いファンが押しよせ、レース前の大歓声が若い牝馬たちの気持ちを高ぶらせていた。それに加えてゲート入りまで長く待たされたことなどもあり、自分を見失ってしまう馬もすくなくなかった。そのなかでシスタートウショウだけはまったく動揺するようすもなく、いつものように泰然としてゲート入りを待っていた。

結局、イソノルーブルは蹄鉄を打ち直せず、右前脚だけ蹄鉄なしで走ることになるのだが、ここでもうひとつの問題がおきていた。一番人気馬のアクシデントに混乱を恐れたのか、JRAは状況をファンに伝えることなくスタートさせてしまうのだ。これはあとで大きな問題となり、マスコミやファンから批判を浴びることになる。

十一分遅れてスタートした桜花賞はトーワディステニーの逃げではじまった。落鉄の影響か、それともレース前に暴れたことが原因か、イソノルーブルは暴走気味に前を追いかけていく。前半の八百メートルが四十五秒八。かなりのハイペースだが、六番手を進むシスタートウショウには絶好の流れとなり、三コーナーから外をまわって早めに進出していく。

四コーナー。イソノルーブルの手応えが怪しくなり、三番手を進んでいたノーザンドライバーが先頭に立とうとすると、外からシスタートウショウが悠々と並びかける。角田はノーザンドライバーを見ながら、鶴留のことばを思いだし、鞭を一発入れた。素早く反応したシスタートウショウは「遠慮なく」ノーザンドライバーを置き去りにして、そのままゴールに突き進む。ゴール前では十三番人気のヤマノカサブランカが追い込んできたが、その二馬身前を走るシスタートウショウの手綱はすでに抑えられていた。

優勝タイムは一分三十三秒八。競馬場の違いはあっても、稍重の馬場状態で、従来の桜花賞レコードを一秒も短縮してしまった。シスタートウショウが一番強いと思っていた角田も、桜花賞を楽勝したことで、その思いはさらに強くなった。それでなくても、もともとはオークス向きと思っていた馬なのだ。角田のなかには無敗のまま「牝馬三冠」を達成させてやりたいという思いが膨らんでいった。

五月十九日。シスタートウショウにとって一番の目標だったオークス。桜花賞の「四強」や「五強」は完全に「一強」となっていた。七枠十七番に単枠指定されたシスタートウショウの単勝オッズは二・一倍。忘れな草賞に勝って二番人気に抜擢されていたツインヴォイスのオッズは七・九倍にもなった。

しかし。桜花賞のイソノルーブルの落鉄につづいて、オークスでもスタートが明暗を分けた。ゲートが開いた瞬間、ダッシュがつかない馬がいた。帽子の色はたったひとつしかないオレンジ。シスタートウショウだった。

大本命馬の出遅れにスタンドが騒然とするなか、二十番枠からスタートしたイソノルーブルが、ゲートと一コーナーを結ぶ対角線上をまっすぐに駆けながら先頭に立つ。桜花賞での失敗を反省した陣営は、パドックでは大きなブリンカーを装着させ、耳を覆った覆面を三重にしてゲートインまで被らせていた。それが功を奏し、この日のイソノルーブルは最高のスタートをきれたのだ。

それとは対照的に、唯一の心配でもあったスタートの悪さを大一番でだしてしまったシスタートウショウは、うしろから三番手でのレースを余儀なくされる。

流れは桜花賞と対照的だった。イソノルーブルがつくったペースは遅く、シスタートウショウは後方で苦しんでいた。角田はインコースから追いあげようと考えていたが、内側には馬が密集していてなかなか入れず、しかたなく進路を外にとった。

四コーナーをまわって直線。イソノルーブルにはまだまだ余裕があった。追いかけていた馬たちは差を詰められず、イソノルーブルの逃げきり、とだれの目にも映ったとき、大外から一頭、ものすごい勢いでシスタートウショウが追い込んできた。飛ぶような大きなストライドで一歩一歩前に迫り、スカーレットブーケ、ノーザンドライバー、ツインヴォイスと抜き去り、ついにイソノルーブルも捉えた、と思ったところがゴールだった。

結果、鼻の差だけおよばなかった。ほんの一瞬の迷いとか逡巡からうまれた痛恨の二着だった。レース後、二十歳の角田の騎乗には批判が集まった。角田は二着は自分の判断の迷いから生じた結果だと受け入れ、秋には汚名をすすぐことを期していたが、雪辱の機会はこなかった。エリザベス女王杯に向けて函館競馬場で調整されていたとき、左前脚に浅屈腱炎を発症してしまうのである。

シスタートウショウは一年七か月という長いブランクののちに復帰したが、クラシックを戦っていたころにはほど遠い状態だった。安田記念では差のない四着に追い込んで実力の一端は見せたが、七戦して勝つことはなかった。

繁殖牝馬になったシスタートウショウは八頭の産駒をだしたが、五勝したトウショウパワーズがめだつぐらいだった。繁殖牝馬になって六年めの夏、わたしはトウショウ牧場をたずねた。

「あの馬、子育てが好きでないんですよね。ドライというか、放牧地でも一頭でぽつんと離れているタイプで、こどもを一所懸命育てようとしないんです」

志村吉男は残念そうに言った。最初の産駒のときはまったく子育てをしなかった。二年めから母乳を与えるようになり、四年めからようやく「人並みに」子育てをするようになったが、それでもこどもをかわいがる母親ではないと言った。

山の上にある放牧地には仔馬から離れて一頭ぽつねんと立っているシスタートウショウがいた。このとき十一歳だったが、まだ現役時代の面影を残していた。美貌の才媛は母として老いたくないのだろうか、と思った。

二十歳から繁殖を引退し、山のなかの牧場で余生をおくっていたシスタートウショウは、二〇一五年三月に二十七歳で死んだ。その年の秋、トウショウ牧場も閉鎖している。

8

ヒシアマゾン 「女傑」と呼ばないで

わたしはずっとヒシアマゾンを一九九〇年代の最強牝馬だと書いてきた。それはいまも変わりはないのだが、二〇〇〇年代になって六つも七つもＧＩを勝つ牝馬が何頭も登場してくると、ヒシアマゾンの存在が薄くなってきたようで、すこしさびしい。

あらためてヒシアマゾンの成績をふりかえってみる。通算成績は二十戦十勝。重賞は六連勝を含めて九勝している。しかし、外国産馬はクラシックや天皇賞にでられず、四歳以上の牝馬ＧＩもなかった時代（エリザベス女王杯が三歳以上となったのは、ヒシアマゾンが五歳になった一九九六年）ではあったが、ＧＩは阪神三歳牝馬ステークス（現阪神ジュベナイルフィリーズ）とエリザベス女王杯の牝馬限定戦の二勝だけである。

それでも、ヒシアマゾンのレースにはいつも新鮮な驚きがあった。独走した阪神三歳牝馬ステークス。いまも語りつがれるクリスタルカップの追い込み。激しい叩きあいに勝ったエリザベス女王杯。そしてなによりも、三冠馬ナリタブライアンに真っ向勝負を挑んだ、あの有馬記念——。

ヒシアマゾンは一九九一年三月二十六日にアメリカ・ケンタッキー州のテイラーメイドファームにうまれた。生産者は母馬のケイティーズを所有するオーナーの阿部雅一郎《まさいちろう》（阿部木材工業）である。

阿部がケイティーズを手に入れたのは一九八九年十一月、アメリカの大手せり会社ファシグティプトン社がケンタッキーで開催した繁殖牝馬セールだった。このとき阿部は、昼におこなわれたべつのせりに行ったのだが、不調に終わり、夜に繁殖セールがあるときいて急遽参加したのだ。

そこで目にとまったのがケイティーズだった。大柄で、阿部の好きな黒鹿毛だった。カタログを見ると、アイルランドの千ギニー（桜花賞に相当するレース）優勝馬で、名馬アリダーの仔を宿している。せりではアラブ首長国連邦ドバイのマクトゥーム一族との対決になり、最後は百万ドル（当時のレートで約一億四千万円）で阿部が落札した。「衝動買いでした」と阿部は笑っていた。阿部にヒシアマゾンの話をきいたのはエリザベス女王杯に勝ったあとだった。

「もし、あのとき血統をもうすこしくわしく勉強していたら、たぶん買わなかったと思いますよ」

ケイティーズの父ノノアルコも母の父ポリツクも日本で種牡馬になっていたが、ともに産駒の成績は芳しくなかった。ノノアルコ産駒のダイユウサクが有馬記念に勝つ二年前のことだ。

ケイティーズはテイラーメイドファームに預けられた。翌年の春、牡馬（ヒシアリダー、五勝）を出産すると、阿部は、ブリーダーズカップ・ターフの優勝馬シアトリカルを種付けした。シアトリカルの曾祖父とケイティーズの祖父（ノノアルコの父）がニアークティック（ノーザンダンサーの父）ということで、二頭を配合して誕生する仔は血統表の三代前と四代前にニアークティックの名前がある、いわゆる「奇跡の血量」を有することになる。それを計算しての配合だった。

中野隆良《たかお》調教師がヒシアマゾンをはじめて見たのはうまれた三か月後だった。「ヒシアリダーのほうがすばらしかった」というのが中野の第一印象だった。兄は堂々とした体躯をしていたが、妹は牝馬らしいというか、きゃしゃな馬だった。

中野は翌年の春もヒシアマゾンを見に行ったが、何度見てもヒシアリダー以上とは思えなかった。秋になって日本に連れてきて、美浦トレーニングセンターに近い大東《だいとう》牧場（千葉県市原市）でトレーニングをはじめてもその評価は変わらなかった。

それでも、厩舎にはいり、調教のピッチもあがってくると、中野の見る目も変わってきた。デビューが近くなるにつれて全身をじょうずに使って走るようになり、「これならばオープンクラスにも行けそうだ」というレベルまで評価があがっていた。

ここまでは素質はあっても特筆するほどの馬でなかったヒシアマゾンは、九月の新馬戦を勝つと、プラタナス賞、京成杯三歳ステークスと惜しい二着がつづき、四戦めの阪神三歳牝馬ステークスで覚醒する。ラスト二百メートルで先頭に立つと、そこから二着のローブモンタント(桜花賞は一番人気で小差の三着)に五馬身もの差をつけてしまったのだ。

関西のスポーツ紙の記者もその強さに仰天したようだ。

「金髪美女」「舶来パワーだ!」

ヒシアマゾンは黒鹿毛である。その見出しを見て「なぜ金髪?」と驚いた。外国産の牝馬→外国人女性→金髪。想像するに、こんな連想ではないかと思う。

一九九四年。ヒシアマゾンの強さは、桜花賞馬もオークス馬も色あせるほどだった。

三歳初戦の京成杯はおなじアメリカ産のビコーペガサスの二着と不覚を取ったが、そのあとは連戦連勝である。クイーンカップ、クリスタルカップと連勝すると、外国産の三歳馬にとって春の最大目標となるニュージーランドトロフィー四歳ステークスではビコーペガサスに雪辱して春シーズンを終えた。

このなかで、とりわけ印象的だったのがクリスタルカップである。逃げたタイキウルフがラスト二百メートルでは四、五馬身差のセーフティリードを保ち、百メートルをきっても二、三馬身の差があったが、外から飛ぶようにして追い込んできたヒシアマゾンは、あっという間にタイキウルフを抜き去り、ゴールでは一馬身の差をつけてしまうのである。中野は「ただ、唖然とした」と言い、阿部雅一郎も「もっとも印象に残るレース」とふりかえった。

この追い込みをスポーツ紙は「鬼脚《おにあし》」ということばを使って書いていたが、中野は「ボキャ貧だよな」と取材した当時（一九九九年）の流行語を使って嗤《わら》っていた。中野はストレートにものを言う、正直な人である。ちなみに、〝鬼脚〟とは鋭い追い込みで人気を博した競輪選手の愛称だそうだ。

付けくわえれば、中野は「女傑」と書かれることも嫌がっていた。名前が「アマゾン」だから「女傑」と表現されるのは自然だと思うのだが、細身のきれいなラインをして、厩務員の小泉守男も「べっぴんさん」と言う牝馬を「女傑」と書かれるのは気に入らなかったらしい。気持ちはわかる。

簡単なことばでは表現しきれない強さで勝ち進んでいたヒシアマゾンは、秋になってもクイーンステークス、ローズステークスと連勝し、当初から一番の目標としていたエリザベス女王杯に臨んだ。単勝は一・八倍。オークス馬チョウカイキャロル（七・二倍）を大きく引き離しての一番人気になった。

レースはスリリングな展開となった。向こう正面では先頭のバースルートが二番手を十馬身ほど離して逃げ、二番手のテンザンユタカもまた三番手以下を十馬身以上離していた。後方をゆっくり進んでいたヒシアマゾンは大外をまわって追い込んできたが、直線で先に抜けだしたオークス三着のアグネスパレードとチョウカイキャロルをなかなか捉えきれない。しぶとく粘るアグネスパレードをゴール前で捉えると、最後まで抵抗をつづけたチョウカイキャロルを力で押さえつけるようにして鼻だけ前にでた。

見た目には苦しい勝利だったが、小差で競り勝ったこのレースこそが、ヒシアマゾンの真骨頂だと中野は言った。ただ、あの激しさを見ると、中野には申しわけないが、どんなに「べっぴんさん」でも「女傑」と書きたくなるのが人情だろう。

これで重賞六連勝。メジロラモーヌ、タマモクロス、オグリキャップに並ぶJRA記録となった。この六連勝について主戦騎手の中舘《なかだて》英二にたずねると、「勝てばいい」という気持ちで乗っていたと言った。

「それまでのヒシアマゾンは負けてはいけない立場だったので、うしろから行って、コースロスはあっても不利を受けるリスクが小さい大外をとおって、最後にちょっとだけ前にでればいい、という乗り方をしていたんです」

ほかの馬とは一枚も二枚も力が違っていたから、「安全運転」に徹していたというのだ。

しかし、つづく有馬記念では六番人気と大きく人気を落としていた。重賞六連勝といってもGⅠは牝馬限定戦ひとつだけである。有馬記念は、〝牝馬三冠〟を達成したメジロラモーヌでさえ九着だった。ましてやこの年は、圧倒的な強さで三冠馬となったナリタブライアンがいた。ヒシアマゾンはすばらしく強い馬だが、三歳の牝馬が勝負になるとは多くの人は思っていない。

それでも中舘はナリタブライアンを破るチャンスはあると思っていたと言う。

「すこしでも内をまわって、馬場のいいところを走り、折り合いをつけながら行けば、チャンスはあると思っていました」

中舘も中野と同意見で、ヒシアマゾンは並んでからが強い馬だと思っていた。相手はナリタブライアン一頭だから、あの馬にどこで並びかけるかが勝負のポイントとなる。

ツインターボがいつものようにハイペースで飛ばして逃げるなか、ヒシアマゾンはナリタブライアンを前に置いて、後方からレースを進めた。二周めの三コーナーをまわってナリタブライアンがあがって行くと、ヒシアマゾンもそれにつづく。ここで中舘は一気に勝負にでる。外からナリタブライアンに並びかけようとする。手応えが抜群によかったので、スパートを遅らせて直線勝負に賭けることも考えたが、それではナリタブライアンには勝てない。あの馬を負かすには、批判されるのを覚悟のうえで、四コーナーで馬体を並べるしかない。

しかし、相手は当時史上最強の声もあった三冠馬である。並びかけ、「勝てるかも」と思った瞬間、中舘がそれまで目にしたことのない瞬発力で、ナリタブライアンは先に行ってしまった。それでもヒシアマゾンはあきらめずに追いかけた。うしろから追い込んでくる馬たちを退け、フットワークを乱すこともなく懸命に前を追っていく。結果は二着、三馬身差の完敗だったが、大敗してもおかしくない強引なレースでナリタブライアンに食い下がった走りは三歳の牝馬としては並外れていたし、見る者が火照《ほて》るほど熱かった。だからわたしは、ヒシアマゾンを「九〇年代の最強牝馬」と書いてきた。

一九九五年三月。ヒシアマゾンはアメリカに渡った。ターゲットはロサンゼルス郊外にあるサンタアニタ競馬場のサンタアナハンデ（芝九ハロン＝約千八百メートル）という牝馬GⅠになった。アメリカ遠征については有馬記念の前から阿部と中野の間で話がでていた。四歳になると日本には牝馬のＧＩがないという事情もあった。

だが、アメリカで待っていたのはきびしい検疫と大雨だった。四方がコンクリートの壁に囲まれ、天窓がふたつしかない刑務所のような検疫馬房に入れられ、ひき運動も日光浴もできずにそこで四十八時間過ごし、ようやく運動ができると思ったら何年かに一度という大雨に祟《たた》られた。排水の悪いダートコースは路盤も硬く泥で上滑りする状態で、ヒシアマゾンは左前脚を捻挫してしまう。痛めたのは人のくるぶしにあたる球節だった。ぱんぱんに固くなって腫れあがった脚を見たとき、中野は再起を諦めたほどだった。

半年ほど休養したヒシアマゾンは復帰戦の高松宮杯（ＧⅡ、二千メートル）は五着に負けたが、オールカマー、京都大賞典を連勝して健在ぶりを示し、秋の目標のひとつ、ジャパンカップに挑んだ。ジャパンカップが日本最高のレースだと思っている中野は、アメリカで走れなかった分、この舞台で欧米のホースマンにヒシアマゾンの力を見せつけたかった。

しかし二着に終わる。積極的に先手を奪おうとする馬がなく、押しだされるように先頭に立ってしまったタイキブリザードが逃げたペースはひどく遅い流れになり、三コーナー過ぎから外をまわって追いあげたヒシアマゾンは、直線も大外から追い込んできたが、ドイツのランドに一馬身半届かなかった。最後の伸びが際立っていただけに、陣営には悔いの残るレースとなった。

このあと有馬記念ではゲート内で暴れて出遅れ五着。五歳になると蹄を傷めて満足な走りができないまま三戦して勝てなかった。この年は秋華賞が創設され、四歳以上の牝馬にも門戸が開いたエリザベス女王杯は直線で斜行し、二位から七着に降着になってしまう憂き目もあった。

引退後、ヒシアマゾンはテイラーメイドファームに帰って繁殖牝馬となった。八頭の産駒が誕生し、日米で七頭が走ったが、めだった活躍馬はだせなかった。思えば名前どおりに女戦士としていきた生涯だった。

9

メジロドーベル

四年連続「最優秀牝馬」

二歳から五歳まで四年連続でＪＲＡ賞の最優秀牝馬に選ばれ、ＧⅠ五勝は当時の牝馬最多優勝でもある。実績が示すとおり、一九九〇年代を代表する名牝の一頭なのだが、不思議とメジロドーベルには最強牝馬というイメージはない。勝ったＧⅠはすべて牝馬限定戦で、一歳上にエアグルーヴという強い牝馬がいたこともあるのだろうと思う。ファンに叱られるのを承知で書けば、わたしは、彼女の強さや実績よりも、地味でも人々の思いがたっぷりと染みこんだ、メジロ牧場らしい血統に心をくすぐられた。

メジロドーベルは一九九四年五月六日、北海道伊達市のメジロ牧場でうまれた。父はメジロライアン（宝塚記念など重賞四勝）、母はメジロビューティー（二勝）。曾祖母はメジロ牧場の礎となったメジロボサツ（九勝、桜花賞三着、オークス二着。浦河・富岡牧場生産）である。昭和四十年代のはじめに活躍した馬だが、ファンだった寺山修司をとおしていまでもその名前を知られている。うまれてすぐに母親のメジロクインが死んでしまったメジロボサツについて、寺山は何度もエッセイに書いているので、その一節を。

〈仔馬は、仏の血を継いだということから「ボサツ」と命名された。／母の名をもらって、メジロボサツというわけである。〉（『書を捨てよ、町へ出よう』）

もちろんこれには寺山一流の脚色がある。実際には「メジロ」のオーナー、北野豊吉（北野建設）が早世した三男を悼《いた》んでボサツと名づけたのだった（メジロボサツは長男の北野俊雄の名義で走っている）。

それはさておき、故郷の富岡牧場で繁殖牝馬となったメジロボサツの系統は代を重ねながら広がっていった。産駒ではメジロゲッコウ（弥生賞など重賞二勝）、孫の世代ではメジロボアール（阪神大賞典）やメジロモントレー（アルゼンチン共和国杯など重賞四勝）が活躍し、メジロ牧場のひとつの結晶として誕生したのが曾孫のメジロドーベルだった。付記すれば、メジロモントレーの孫から日本と香港で六つのGⅠに勝ったモーリス（門別・戸川牧場産）が誕生するなど、メジロ牧場がなくなってからも〝ボサツ系〟は繁栄している。

うまれて一年ほど、メジロドーベルには心配がつきまとった。母親のメジロビューティーが特殊な血液をもっていて、血液が適合しない種牡馬との間にできた仔は初乳を飲むと新生児黄疸《おうだん》症にかかるのだ。一歳上の兄（父サンデーサイレンス）は黄疸の後遺症で生後一週間で死んでしまった。メジロライアンの血液も不適合だったために、メジロドーベルはべつの牝馬から初乳をもらい免疫をつけている。

さらに洞爺村の育成場に移動してしばらくした年末、右後肢の球節を骨折する。患部が厄介な箇所だったことで、全身麻酔の手術が施され、一か月半ほど馬房のなかで療養を余儀なくされている。放牧地にでられるようになったのは一歳の春だった。

それから育成調教は順調に進み、二歳の五月には美浦トレーニングセンターの大久保洋吉厩舎にはいっている。母のメジロビューティーは大久保厩舎にいた馬で、メジロボサツと祖母のメジロナガサキ（七勝）は大久保の父、大久保末吉が管理していた。代々、大久保厩舎で培われてきた血統という縁もあった。

デビュー戦は七月、新潟の千メートル。距離は短かったが、二着に三馬身差をつけて勝った。つづく新潟三歳ステークスは五着に負けたが、そのあとから三連勝する。スタートもよく、二、三番手を進んで直線で抜けでる安定したレースぶりで特別を連勝すると、阪神三歳牝馬ステークスも中団から外をとおってあっさりと抜けだしてきた。二着のシーズプリンセスに二馬身差、優勝タイム一分三十四秒六もレコードと完璧な勝利である。これで五戦四勝。メジロドーベルは一九九七年牝馬クラシックの最有力馬となった。

ところが、桜花賞の前哨戦、チューリップ賞に向けて調教されていたメジロドーベルにショッキングなできごとがあった。担当厩務員の堀口良吉がすい炎で急逝したのだ。二月五日、六十二歳の誕生日に腹痛を訴えて病院に運ばれた堀口は、十四日後の二月十九日に息をひきとった。

代わってメジロドーベルの世話を任せられたのが安瀬《あんせ》良一である。堀口と安瀬は大久保洋吉田厩舎が開業したときからのつきあいで、ひとまわり年上の堀口は安瀬をかわいがってくれていた。かつて大久保厩舎の看板馬だったメジロファントムは堀口の担当馬で、当時は調教専門だった安瀬が乗っていた。気が荒く、故障もあったファントムを有馬記念や天皇賞で二着になるまで育てたのは堀口と安瀬のコンビで、それ以来、堀口には「メジロ」の馬が預けられるようになり、ドーベルの母ビューティーも堀口が世話をしていた。安瀬は調教厩務員として自分の馬を持つようになってからも堀口の馬に乗っていて、メジロドーベルも騎手の吉田豊が乗らないときに調教をつけていた。

慕っていた先輩の死は安瀬には大きなショックだったが、悲しんでばかりもいられない。メジロドーベルのレースが間近に迫っていた。そしてそれは、安瀬とプレッシャーとの戦いのはじまりでもあった。

クラシックの最有力馬の担当者となった安瀬を見る周囲の目も変わってきた。狭い村社会には妬みや嫉みがあふれ、中傷的なことばも耳にした。堀口の死について興味本位できいてくる者もいれば、マスコミの取材も殺到した。ただでさえプレッシャーがあるときに、「外野」からの圧力がよけいにきびしく感じられた。

そうしたなかで迎えたチューリップ賞は圧倒的な一番人気となったが、リズムを乱したメジロドーベルは嫌々をするように首を上げ、口を割り、前へ前へと急いでエネルギーを浪費してしまった結果、無惨な三着に終わる。さらに雨の不良馬場となった桜花賞は独走するキョウエイマーチに四馬身離され、二着を確保するのがやっとだった。

勝って当然と思われていた馬が連敗したことで、安瀬には有形無形のプレッシャーがさらに重くのしかかってきた。わたしが安瀬に会って話をきいたのはメジロドーベルが引退した翌年のことだが、クラシックを戦っていたころの安瀬は、睡眠薬の力を借りなければ眠れないほど追い込まれていたという。

さいわいだったのは馬の体調がよかったことだ。メジロドーベルは走ったあとの疲れが大きい馬だったが、桜花賞からオークスまでは間隔もあり、飼い葉もよく食べていた。安瀬も絶対に負けられないという思いで懸命に調教をつづけ、オークスでは最高の状態に仕上がっていた。

一九九七年五月二十五日、オークス。

安瀬はレースに臨む前に堀口の墓参りをしている。堀口家の墓は、東京競馬場の三コーナーの向こう側の、車で一、二分という場所にあった。墓前に花を添え、「ドーベルをオークス馬にしてください」と掌を合わせた。

メジロドーベルは願いにこたえた。東京の二千四百メートルで最高の走りを見せた。

一番人気のキョウエイマーチが逃げる展開になり、メジロドーベルは中団のうしろにじっくりと構える。この日は終始リズムよく走っていた。四コーナーをまわって直線、キョウエイマーチが失速する。馬群が内外にばらけ、その真ん中からメジロドーベルがしっかりとしたフットワークで抜けだしてきた。

ゴールに近い外埒沿いでレースを見ていた安瀬は、声にならない声をあげ、何度も何度も地面を叩いていた。この三か月あまりの、あまりにも長く感じたプレッシャーのトンネルを抜けだしたとき、いままで経験したことのない喜びがこみあげてきていた。

「堀口さんの後押しがあったから勝てたんだと思います」

安瀬はそう言った。

尋常でない緊張のなかでオークスを戦ったのは吉田豊もおなじだった。当時はまだ騎手デビューして四年めの二十二歳である。メジロドーベルの阪神三歳牝馬ステークスがはじめての重賞勝ちで、いきなりＧＩジョッキーとなる幸運もあったが、チューリップ賞、桜花賞と連敗すると批判の矛先は騎手に向けられる。吉田は降板させられてもしかたないと覚悟もしたが、オーナーのメジロ牧場と師匠の大久保はそのまま乗せてくれた。その恩に報いなければいけない。

「なんとしても勝つんだという思いが強かったので、あれほど感動したレースはないですね」

と吉田は言った。吉田にメジロドーベルについて話をきいたのは十年近く経ってからだった。吉田は二十一戦すべての手綱をとり、五つのＧＩを手にした。エリザベス女王杯には二年連続で勝ったが、最初の年は牝馬最強といわれていたエアグルーヴを破っての勝利だったし、二年めはメジロドーベルの引退レースということもあって、とくべつな感慨があった。しかし「秋華賞だけは違いました」と吉田は言った。

「秋華賞だけは印象が薄いんですよ。あのレースは、ふつうに乗って、ふつうに勝てましたから」

三歳の秋。メジロドーベルは逞しく成長していた。吉田が調教ではじめて跨がったときにはまだ線が細く、小さくまとまった馬という印象があったが、見違えるほど逞しくなっていた。単純に、体重だけでもデビュー当初から三十キロ近く増えていた。

吉田自身も、オークスに勝ったことで春にはなかった余裕もうまれていた。秋初戦のオールカマーでは悪い癖がでて、メジロドーベルは前に行きたがったが、吉田は無理に抑えないで、前に行かせ、逃げきってしまった。オークスの経験が吉田をひとまわりもふたまわりも大きくしていた。

だから秋華賞は負ける気がしなかった。ローズステークスを逃げきったキョウエイマーチとの一騎打ちという前評判だったが、二番手から先頭にたって逃げるキョウエイマーチを、外から追い込んで二馬身半の差をつけた。「ふつうに乗って、ふつうに勝った」完璧な勝利だった。

吉田はメジロドーベルでの経験をふりかえって言う。

「結局、騎手にとって一番大事なのは、馬の邪魔をしないことなんです」

キョウエイマーチと完全決着をつけて三歳牝馬チャンピオンとなったメジロドーベルは、有馬記念でも三番人気と高い評価を受けていたが、さすがに牡馬のトップクラスの壁は厚く八着に負けている。

翌一九九八年は七戦二勝。牡馬相手のＧＩは宝塚記念五着、有馬記念九着に終わったが、府中牝馬ステークスとエリザベス女王杯に勝っている。

エリザベス女王杯では前年の年度代表馬エアグルーヴを破っている。終始エアグルーヴをマークするようなポジションでレースを進め、直線はインコースから抜けだしてきた。二着のランフォザドリームに一馬身四分の一、三着のエアグルーヴには二馬身差。直線でエリモエクセル（五着）の前を横切るようにして内にはいったり、吉田がゴールインの前から派手なガッツポーズをしてしまったりと、かなり行儀の悪いレースではあったが、それまで四度対戦して一度も先着できなかったエアグルーヴに一矢報いることになった（結局、エアグルーヴとは五度対戦して、先着したのはこのレースだけだった）。これでメジロラモーヌを抜いて、牝馬として最多のＧＩ四勝となり、この一勝が決め手となってこの年の最優秀五歳以上牝馬に選ばれている。

五歳になった一九九九年は左後肢の腱鞘炎《けんしょうえん》によって七か月余の休養もあって三戦しかできなかったが、一年の最大目標だったエリザベス女王杯を連覇している。前の年と同様に中団を進んで、内から抜けでてくる、じつに安定した走りで引退レースを飾った。

八月に先輩騎手から木刀で殴打される〝暴行事件〟（加害者の騎手は四か月間の騎乗停止処分となった）もあった吉田豊が、

「ことしはいろいろあったので……」

と、涙するインタビューが印象的だった。

ＧⅠ五勝、四年連続のＪＲＡ賞という大きな勲章を手にして繁殖牝馬となったメジロドーベルだが、残念ながら重賞で活躍するような産駒はだせなかった。それでも二〇〇八年に誕生したディープインパクトとの牡馬にメジロダイボサツと名づけられたのは、この血統にたいするメジロ牧場の敬意と思い入れなのだろう。

二〇一一年五月二十日、メジロ牧場は解散した。その五日前の五月十五日、新潟競馬場でメジロ牧場名義の馬が最後の勝利をあげた。馬けメジロコウミョウ。メジロドーベルの孫娘である。

10

スティルインラブ

名門牧場の名花

メジロラモーヌによって「牝馬三冠」というあたらしい概念がうまれたのは一九八六年だった。ふたつのクラシックレース（桜花賞、オークス）に、三歳牝馬のＧＩエリザベス女王杯（一九九六年からは秋華賞）を加えて「牝馬三冠」というわけである。

しかし、それ以降は、これを達成する馬は現れなかった。メジロラモーヌの翌年には桜花賞を八馬身、オークスを二馬身半差で勝ったマックスビューティがエリザベス女王杯でタレンティドガールの二着に負けている。単勝一・二倍という圧倒的な支持をうけての敗戦だった。その六年後にはベガが二冠牝馬となったが、エリザベス女王杯はホクトベガの三着に終わった。

最近は牝馬の活躍が著しい。牝馬のレースが整備されてきたことや、育成牧場での調整やトレーニングが進歩し、飼料や栄養剤など健康管理もゆきとどいている。筋肉量のすくない牝馬は現在のスピード競馬に適応しているという意見もある。もしかしたら牡馬がひどくだらしないだけかもしれない。様々な要因が相まって〝牝馬の時代〟がつづいているのだろうが、以前は、精神的にも若く、生理的にも肉体的にも不安定な三歳牝馬が一年をとおして安定した走りをするのはむずかしかった。牝馬限定のレースでも勝ちつづける馬はなかなか現れず、「牝馬三冠」の誕生はスティルインラブまで十七年の歳月を要することになる。

スティルインラブを生産したのは北海道門別町（現日高町門別）の下河辺《しもこうべ》牧場である。牧場の創業は一九三三年、日本ダービーがはじまった翌年である。創業者は下河辺孫一という。昭和初年に勃興した新興財閥、日産コンツェルンの重鎮・下河辺建二の長男だったが、幼少のころから馬が好きで馬術の練習に明け暮れていたという孫一は、東京帝大農学部実科に進学する。卒業後は、宮内省新冠御料牧場に勤務しながら競走馬生産のノウハウを学び、経営難に陥っていた鎌田牧場（浦河）を買って生産をはじめたのだった。ちなみに、鎌田牧場は借金を返済したのち別の土地を買って牧場を継続し、のちにコダマなど多くの活躍馬をだすことになる。

孫一は海外から繁殖牝馬を買い求め、昭和十七年には千葉に育成牧場をつくるなど、当時としてはかなり先進的な牧場をめざしていたが、昭和二十年に病気を患って北海道の牧場を手放すことになる。このとき売った馬のなかにはトキノミノルの母第弐タイランツクキーンがいて、孫一がセフトの種付け申請をしていたことは『名馬を読む』で書いた。牧場はのちにハクチカラなどを生産するヤシマ牧場となり、現在は種牡馬牧場のイーストスタッドになっている。

一九五六年。病気が癒《い》えた孫一はふたたび北海道に進出する。浦河で牧場を間借りして生産をはじめたが、土地が狭かったことで、一九六六年に門別に土地を買って本格的な生産を開始した。おなじころ長男の俊行も牧場で働きだした。俊行は大学を卒業したあと、かつて祖父が社長だった日本鉱業（のちのジャパンエナジー。現ＥＮＥＯＳ）に勤務していたが、父とともに牧場をやるために会社をやめて北海道にやってきたのだ。さらに次男の行信が千葉の牧場をやることになった。

紆余曲折があり、下河辺牧場の生産馬が重賞戦線をにぎわすようになるのは一九七〇年代の後半からである。そのころの活躍馬にはランスロット、シンウルフ、ロイヤルコスマー、ラグビーボールなどがいた。当時、下河辺親子は種牡馬の導入にも積極的だった。ケンタッキーダービー馬ダストコマンダー（皐月賞馬アズマハンターなどの父）も下河辺父子が輸入した種牡馬だ。わたしがはじめて下河辺牧場をたずねたのも、種牡馬になったニホンピロウイナーの取材だったように記憶している。

現在の下河辺牧場（代表は俊行の息子、行雄）は、繁殖牝馬は百二十頭を数え、日高地方を代表する大牧場として多くの活躍馬を生産しているが、意外なことに、スティルインラブが下河辺牧場が生産した最初のＧＩ馬だった。

スティルインラブは二〇〇〇年五月二日にうまれた。父はサンデーサイレンス。母のブラダマンテ（父ロベルト。未出走）という血統。孫一は一九九七年に亡くなっていて、俊行の代になっての生産馬である。

一九九〇年にアメリカ・ケンタッキー州のキーンランド協会が主催するノベンバーセールで買ったブラダマンテは毎年きちんと出産する健康な繁殖牝馬で、スティルインラブは十頭めの産駒になる。兄にはラジオたんぱ賞に勝ったビッグバイアモン（父バイアモン）がいて、父がサンデーサイレンスということもあってうまれたときから評価が高かった。馬を見にきた松元省一調教師（栗東）がいたく気に入り、松元厩舎に馬を預けているノースヒルズマネジメント（代表・前田幸治）の所有馬となった。

松元はトウカイテイオーで名をあげた調教師である。弟の松元茂樹はプロの歌手をしていたこともあってか、陽気でサービス精神の旺盛な調教師だったが、兄は対照的な性格で、口数がすくなく、取材者にはむずかしい一面もあった。トウカイテイオーのときもそうだったが、書かれる記事はどうしても騎手の話が中心になってくる。そういうわけで、わたしも、ここからは騎手の幸英明《みゆき》の視線でスティルインラブのレースを書いていく。

スティルインラブがクラシックを戦っていた二〇〇三年、幸はデビュー十年めの二十七歳。一年めからコンスタントに勝ち星をあげていて、関西のトップテンにも顔をだすようになっていたが、GⅠ優勝はまだない。

幸が松元厩舎の馬に乗るようになったのは、谷八郎厩舎の兄弟子だった田原成貴《たばらせいき》との関係が深い。田原は松元が信頼していた騎手のひとりで、トウカイテイオーの有馬記念のほかにフラワーパークで二つのＧＩを勝っていた。

スティルインラブは二歳十一月の阪神のデビュー戦を二番手から抜けだして楽勝すると、三歳初戦の紅梅賞では追い込んで勝った。しかし、三戦めのチューリップ賞では、直線で前が開かず、外に進路を変えて追い込んできたがオースミハルカに首差負けてしまう。オースミハルカの安藤勝己と比べてはかわいそうだが、幸の甘さも感じるレースだった。実際、幸自身もこの敗戦を「自分のミスだった」と言った。桜花賞では乗り替わることも覚悟したそうだが、松元もオーナーサイドもそのまま乗せてくれた。それが幸にはありがたかった。

四月十三日、桜花賞。スティルインラブは二番人気だった。票数の差で一番人気は三戦無敗のアドマイヤグルーヴとなったが、オッズはおなじ三・五倍で並んでいた。アドマイヤグルーヴはサンデーサイレンスと名牝エアグルーヴの娘で、騎手は武豊。当歳のときに日本競走馬協会のセレクトセールで二億三千万円という高値で落札された話題の馬だ。

レースはスタートが明暗をわけた。

アドマイヤグルーヴは出遅れて最後方からのレースとなり、好スタートをきったスティルインラブは先行馬を前にやり、五番手の絶好のポジションをスムーズに進む。直線でも前がきれいに開き、難なく抜けだしてきた。アドマイヤグルーヴは外から追い込んできたが三着だった。内をついて迫ったシーイズトウショウに一馬身半差をつける完勝だった。

ゴールした瞬間、幸はＧＩに勝ったうれしさよりも先に、ほっとする思いがこみあげてきた。自分を乗せつづけてくれるオーナーと調教師への恩に報いるためにも絶対に失敗できないと、幸はそれまで経験したことのないプレッシャーを感じていたのだ。

ひとつ大きな壁を越えた幸は、オークスではずいぶんと気持ちが楽になっていた。チューリップ賞と桜花賞でわかったのは「自分がふつうに乗れば勝てる」ということだった。メジロドーベルの吉田豊とおなじである。「ふつうに乗る」というのは「自分が馬の邪魔をしないこと」。

五月二十五日、オークス。人気はアドマイヤグルーヴに集まった。母も祖母（ダイナカール）もオークスに勝っていた。血統からもオークス向きと言われていたスーパーエリートの単勝は一・七倍。スティルインラブは二番人気で、桜花賞馬だというのに五・六倍もついた。

しかし、アドマイヤグルーヴはまたしてもスタートで後手を踏み、後方からのレースを強いられる。たいするスティルインラブは中団のうしろをじっくりと進む。平均ペースで流れるなか二頭はじっと動かない。四コーナーをまわって直線、ラスト四百メートルで外に進路をとったスティルインラブは幸の鞭がはいると一気に加速、前の馬を抜き去っていく。そのまま先頭に立ち、二着のチューニーに一馬身四分の一差をつけてゴールする。アドマイヤグルーヴは後方から追いあげてきただけで、七着に終わった。幸の落ち着いた騎乗がめだったレースだった。

牝馬三冠がかかった秋、ひさしぶりにスティルインラブに跨がった幸英明は春よりも逞しくなった感触を得ていた。秋華賞のトライアル、ローズステークスは負けないと思っていた。

しかし、ひさしぶりのレースだったせいか、馬は興奮を抑えられずにスタートからハミを噛んで前へ前へと行きたがっていた。その結果、最後に伸びず、アドマイヤグルーヴの五着に終わった。

トライアルの敗戦は不安要素ではあったが、それでも幸はスティルインラブの力を信じていた。春とおなじように「ふつうに乗れば勝てる」と思っていた。力をだしきれば一番強いのはわかっていた。気持ちとコンディションが戻っていれば負けない。

十月十九日、秋華賞当日を幸はいつもと変わらない気持ちで迎えた。前夜、調整ルームでシミュレーションをした。いいスタートをきったとき、出遅れたとき、そしてライバルとなる馬との位置関係を想定し、確認する。やることは普段とおなじだった。ＧＩだからといって、とくべつなことはしない。ただ、いつもと違うことをひとつだけした。仲のいい後輩、池添謙一にビンタで気合いを入れてもらった。池添が大一番に臨むときには「やってください」と言われて幸が気合いを入れていた。しかしきょうだけは、自分に気合いを入れる意味でやってもらったのだ。

秋華賞もアドマイヤグルーヴが一番人気で、スティルインラブは二番人気だった。三つのレースで一度も一番人気にならなかった馬は、三冠馬にも牝馬の三冠馬にもいない。

マイネサマンサの逃げで展開したレースは平均ペースとなった。スティルインラブは中団のすこしうしろにポジションをとった。その直後にアドマイヤグルーヴがぴったりと付いてきたが、前の馬の動きを意識しながら乗っていた幸はそれを知らない。京都の内回り二千メートルというコース形態を考えたとき、一番恐れていたのは、うしろから来るだろうアドマイヤグルーヴを気にしすぎて、前にいる馬を逃してしまうことだった。

　四コーナーの前で早めに動きだしたスティルインラブは直線のなかほどで先行馬たちを捉えたが、幸は、外から一頭迫ってきているのがわかった。足音の勢いから一度は「負けるかな」と覚悟もした。その馬がアドマイヤグルーヴだとは知らなかったが、迫ってきた足音はゴールの前に小さくなった。

　十七年の空白が埋まった瞬間を目撃したスタンドは大歓声に沸いている。そのなかでゴールインした幸は馬の首筋を軽くひとつ叩いた。派手なことやめだつことが苦手なかれはガッツポーズはしない。GⅠに勝ったことよりも、牝馬三冠を成しとげたことよりも、桜花賞とおなじように自分の仕事をやりとげた安堵感に浸っていた。

　このあとエリザベス女王杯に出走したスティルインラブはGⅠではじめて一番人気に推された。しかし、アドマイヤグルーヴとの競り合いに鼻差で敗れて二着に終わった。スティルインラブらしい走りが見られたのはここまでだった。四歳五歳で八戦したが四歳秋の府中牝馬ステークスで三着になったのが最高着順で、あとはすべて六着以下だった。

　引退後、スティルインラブはうまれ故郷の下河辺牧場に帰って繁殖牝馬となった。下河辺孫一は父の建二から「生産した馬はぜんぶ売れ」と言われて牧場をはじめたそうだが、俊行は「牝馬は売らない（売っても、引退後は牧場に戻してもらう）方針」で牧場を営んできた。

繁殖牝馬は牧場の宝なのだ。

だが、故郷で穏やかな生活が待っているはずだったスティルインラブは、最初の産駒（牡馬）を産んだあと腸の病で死んでしまう。残念ながら名門牧場からうまれた名牝の血を伝える馬はいない。

11

ブエナビスタ GI六勝、二着七回

現在、芝のGI最多優勝はアーモンドアイの九勝で、七勝はシンボリルドルフ、ディープインパクトなど六頭いる。ブエナビスタはそれらにつづく六勝で、オルフェーヴル、ゴールドシップ、モーリス、ロードカナロアらに並んでいる。

しかし、ブエナビスタは最初のジャパンカップでは一位入線しながら二着に降着になっているから、GIでは七度先頭でゴールインしているのである。また、降着となったジャパンカップを含め、GIの二着は七回を数える。すなわち、GIでの連対数は十三。これはテイエムオペラオーの十一回を抑えて、芝GIで最多となる。さらに加えれば、秋華賞でも二位入線から三着降着もある。

日本の競馬史を飾る名馬たちと比べても勝るとも劣らない成績を残した名牝なのだが、顕彰馬の投票で意外なほど票が伸びてこないのは、もしかしたら二度の降着が記者の心証を悪くしているのだろうか――。成績を見ながらそんなことを考えてしまうのである。

ブエナビスタは二〇〇六年三月十四日に北海道勇払郡早来町（生後十三日後に平成の大合併で安平町となる）のノーザンファームでうまれた。父はダービー馬スペシャルウィーク。母のビワハイジは阪神三歳牝馬ステークスの優勝馬で、桜花賞十五着のあとダービーに挑んで十三着だった。うまれ故郷の早田牧場（新冠）で繁殖牝馬となったが、牧場の廃業によってノーザンファームに売却された経緯がある。

ブエナビスタはノーザンファーム系のクラブ法人サンデーレーシングの所属馬として、栗東トレーニングセンターの松田博資《ひろよし》厩舎にはいる。兄のアドマイヤジャパンやアドマイヤオーラらもいた厩舎である。

松田博資は騎手を経て一九八一年に調教師になった。開業した当初は障害の活躍馬がめだつ地味な厩舎で、最初の十年で勝った平地の重賞は十番人気のコスモドリームで驚かせたオークスだけである。騎手時代は障害で活躍したこともあり、トップトレーナーとなってからも「ジャパンカップよりも中山大障害に勝ちたい」と言いつづけていた。騎手として勝てなかったからなのだが、調教師になって障害の重賞は六勝しながら、中山大障害はついに取れなかった。

そんな松田の転機になったのはベガだった。脚が曲がっていたために、吉田善哉《ぜんや》（社台ファーム）の妻、吉田和子の名義で走らせることになり、松田のところにまわってきたのだ。

その馬を松田は二冠牝馬に育ててしまう。それが縁となり、ベガの仔も預かり、アドマイヤドンなどが活躍すると、ノーザンファーム関係の有力馬を依頼されるようになっていた。

騎手時代には「筑豊最後の炭鉱王」と呼ばれた上田清次郎にかわいがられ、調教師になってからは「アドマイヤ」の冠名で知られた近藤利一《りいち》（合建株式会社）の馬を数多く預かるなど、個性的な大馬主の信頼も厚かった松田は、大雑把というか、面倒くさがりというか、細かなことは気にしない人である。普段からことばはすくないが、どんな相手にも言いたいことを遠慮せずに口にする。ずんぐりとした体型と、丸刈りのいくらか強面《こわもて》の風貌も相まって、厩舎スタッフたちは松田を「親分」と呼んでいた。あれこれと細かな指示はださず、ある程度の仕事は従業員の裁量に任せ、それで失敗しても怒ることもなく、「最後の責任はおれがもつ」と言う、松田はまさに「親分」である。

ブエナビスタを任せられたのは山口慶次だった。「親分」からブエナビスタのことをきかされたのは二〇〇八年の夏、函館に出張していたときだった。

「ビワハイジの二歳がはいるから、おまえ、ぼちぼち栗東に帰れや」

いつものように細かな話はない。しかし山口にはそれで十分だった。松田が厩舎を開いた当初から一緒に仕事をしてきた山口は、ベガをはじめタガノテイオー、アドマイヤドン、アドマイヤキッス、アドマイヤジャパン、アドマイヤオーラなどの世話をしてきた腕利きで、松田の信頼も厚い。面倒くさがりの松田に代わって記者の取材を受けることも多く、わたしも、ブエナビスタのくわしい話は山口からきいている。

栗東に戻った山口は検疫厩舎でブエナビスタにはじめて会った。小さな馬だった。それからGⅠをいくつ勝っても馬体をほめられたことがなかったように（わたしもパドックを見ると馬券を買う気にならなかった）、バランスのいい馬でもない。ビワハイジのこどもで馬っぷりが良かったのはアドマイヤジャパンぐらいで、アドマイヤオーラも小さかった。この血統は体で走るタイプでないことを経験で知っている山口は、小さな体はまったく気にとめなかったという。

実際、ブエナビスタは小ぶりでも精神的にしっかりしていた。なにか気にくわないことがあると暴れることもときにはあったが、すぐにおとなしくなるし、普段からどっしりと落ち着いている。賢く、丈夫で、手のかからない馬だった。調教の動きがとくにいいわけでもなく、この馬の良さはレースでトップスピードになったときにはじめてわかる。前の馬を抜こうとするときのスピードはすさまじかった。

それを最初に体感したのは騎手の安藤勝己である。新馬戦は皐月賞に勝つアンライバルドやリーチザクラウンなど評判の牡馬を相手に三着に負けたが、直線で外から追い込んできた走りにはだれもが舌を巻いた。

「これはすごいぞ！」

引き上げてきた安藤は高揚し、まるで勝ったような表情だった。

その「すごさ」はすぐに証明された。つづく未勝利戦を楽勝すると、三戦めの阪神ジュベナイルフィリーズもあっさりと勝ってしまう。前評判どおりに桜花賞の最有力候補となったブエナビスタは、三歳になって初戦のチューリップ賞も快勝、牝馬では飛び抜けた存在になっていた。

三歳春のブエナビスタは心配な点はなにひとつなかった。桜花賞、オークスとも仕上がりはよく、桜花賞は単勝一・二倍の支持にこたえた。二着のレッドディザイアとは半馬身差でも安心して見ていられる勝利だった。

オークスはさすがに肝を冷やした。直線の勝負どころで前が空かずに外に進路を取り直すロスがあり、追い込むタイミングが遅れてしまったのだ。なんとかぎりぎりで届いて、鼻差でレッドディザイアを抑えこんだ。

だが、つねに長い距離を意識しながら調教を組み立てている松田は、桜花賞よりもオークスのほうが自信があった。だから、勝ったとはいえ、レースには腹に据えかねるところもあったようだ。『優駿』の杉本清との対談でこんなことを言っている。

〈終わってからアンカツ（筆者注・安藤勝己）にも言ったんですけどね。「馬が強かったから来ただけでな。今度、あれをやったら替えるから」って。そしたら、あいつもプロだから「いつでもいいですから」って言ってました。〉（二〇一二年二月号）

ともあれ、評判どおりの強さで二冠牝馬となったブエナビスタは、秋はオーナーサイドが公言していたとおりフランスの凱旋門賞に参戦することになり、そのステップレースとして札幌記念に出走するのだが、ここで二着に負けてしまう。短い直線でよく追い込んできたが、ヤマニンキングリーに首差及ばなかった。この敗戦によってフランス遠征は中止となり、秋華賞で「牝馬三冠」をめざすことになるのだが、秋になると風向きは一変した。

日程の都合で前哨戦のローズステークスを使わず、ぶっつけ本番となった秋華賞はけっして万全の状態ではなかった。そのためか追い込みも精彩を欠き、レッドディザイアに鼻差で雪辱された挙げ句、四コーナーでブロードストリート（三位入線）の進路を妨害して三着に降着となってしまう。

つづくエリザベス女王杯は十一番人気のクィーンスプマンテと十二番人気のテイエムプリキュアが三番手以下を大きく離して逃げ、そのまま一、二着する大波乱となった。いつものように後方にポジションをとっていたブエナビスタは最後に信じられないようなスピード（ラスト六百メートルの推定タイムが三十二秒九！）で追い込んでくるのだが、それもむなしく感じる三着だった。

追い込んで届かずの繰り返しで三連敗。約束どおり、有馬記念では安藤から横山典弘に乗り替わりになるのだが、ここでも二着に惜敗する。横山が乗ったブエナビスタはそれまでと違って前にポジションをとる積極的なレース運びから直線で先頭に立ったが、ゴール前でドリームジャーニーの追い込みに半馬身差屈している。

うしろから来た馬に負けるのは初めての経験だったが、収穫もあった。牡馬のトップクラスと互角以上に戦えることを証明したことで、翌年以降の視界が大きく開けたのだった。

二〇一〇年。四歳になったブエナビスタは京都記念でひさしぶりに勝利をあげると、ドバイに飛んだ。飛行機輸送もまったく問題なく、ドバイに着いても順調そのものだった。環境の変化にもすぐに順応し、なにひとつ心配はなかったが、ドバイシーマクラシックは二着に終わった。フランスのオリビエ・ペリエが騎乗し、最後はブエナビスタらしく追い込んできたがイギリスのダーレミに四分の三馬身およばなかった。

ドバイから帰国したあとも元気いっぱいで、横山に戻ったヴィクトリアマイルは格の違いを見せつけて優勝した。しかし、宝塚記念はナカヤマフェスタの二着に屈する。さすがに牡馬相手のＧＩは簡単に勝たせてもらえない。強い強いと言われながら、ここまで勝った四つのＧＩはすべて牝馬限定戦だった。ブエナビスタの真の実力を証明するには牡馬を負かしてＧＩに勝たないといけない。

秋になって、その舞台が整った。「古馬になって抜群の出来だった」と山口が言う天皇賞では短期免許で来日していたフランスのクリストフ・スミヨンに乗り替わり、それまでのように追いかけて前にでるだけでなく、そこからさらに突き放し、二着のペルーサに二馬身差をつけたのだ。

こんどこそブエナビスタが主役になる――。

だれもが確信したとき、ふたたびの不運が彼女を襲う。ジャパンカップは快勝したはずだった。だが、直線で外から勢いよく伸びて抜けだしてきたと思ったとき、内にいたローズキングダムの進路を妨害してしまう。長い審議の末、二着に降着となった。繰りあがって優勝したローズキングダムはおなじサンデーレーシングの馬だった。

二度めの降着。超一流のＧＩ馬としては不本意な結果だったが、松田博資は先の杉本との対談で「スミヨンもかわいそうでしたよ」と擁護している。そして、杉本の「日本の裁決が厳しすぎるのか」という問いにたいして、日本の騎手の甘さを指摘した。

〈裁決が厳しすぎるんじゃなく、乗り役が甘すぎるんですよ。香港なんかきついですよ。隙間がないくらいビシッとして、日本みたいにスカスカじゃないもの。だから、外国人が日本の競馬を見たら素人が乗っているみたいに思うんですよ。それで、ちょっと入られたら、危ないとか言う。プロが乗っているのに……。〉

松田のJRAの騎手にたいする厳しい批評はこのあともつづくのだが、読んでいて、頷くところが多かった。

話をブエナビスタに戻すと、ここから一年間、彼女は運に見放されたようだった。

有馬記念は先行したヴィクトワールピサをゴールで捉えたように見えたが、鼻差で敗れた。スミヨンは勝ったと確信し、ウイニングランに行こうと思って馬から降りずに写真判定を待っていた。それほど際どい勝負を逸してしまった。

五歳になるとふたたびドバイに遠征し、ドバイワールドカップに挑んだ。東北の太平洋岸を大地震と巨大津波が襲った三月、現地にいる日本人スタッフは日の丸をつけた揃いのポロシャツを着て日本にエールを送りつづけた。そしてヴィクトワールピサとトランセンドが一着二着を独占し、日本中の競馬ファンに大きな感動をもたらしたとき、イギリス人のライアン・ムーアが乗ったブエナビスタは八着に負けている。ひどく遅いペースを後方で追走し、力をだしきれないままレースが終わっていた。

帰国後は前の年とおなじようにヴィクトリアマイルから始動した。騎手はここから岩田康《やす》誠《なり》になった。しかし、馬の体調は整わず、ブエナビスタ自身からもやる気が感じられず、一歳下のアパパネの二着に負けている。宝塚記念のときには体調も良くなっていたが、また二着。勝ったアーネストリーとは一馬身半差。完敗だった。

祟られたような敗戦がつづいていた。と同時に、五歳になって年齢的な衰えも感じられるようになっていた。筋肉とか関節が硬くなり、山口がケアにあたる時間も自然と長くなっていた。レベルの高いレースでずっと頑張ってきた疲れがいろんなところに蓄積しているようだった。そんな状態で臨んだ天皇賞・秋は四着に負けた。衰えは否定できなくなっていた。ジャパンカップでは国内のレースではじめて二番人気に落ちた。ずっと支持してきたファンもブエナビスタに陰りが見えてきたことを感じとっていた。だからこそあのジャパンカップの勝利は一番うれしかった、と山口は言った。

「あれこそブエナビスタの強い精神力でつかみとった勝利だと思うんです」

中団のインコースでじっと我慢し、直線で馬群をこじ開けるように抜けでて、トーセンジョーダンを首差抑え込んだ。ブエナビスタらしい跳ねるような追い込みではなかったが、ここだけはなんとかしてやろうという気持で馬は必死に頑張ったのだ。

引退レースとなった有馬記念は七着に負けた。もう力が残っていなかったようだ。

松田はいつものように淡々と言った。

「競馬だから、しかたない。まあ、無事でよかった」

無事に牧場に送り返せるという、調教師のだれもがいだく安堵感があった。

海外も含めて二十三戦九勝。六つのＧＩに勝ち、獲得した賞金は歴代二位（当時）、牝馬では最高の十四億七千万円余。四年連続でＪＲＡ賞を受賞し、四歳のときは牝馬として四頭めの年度代表馬に輝いたブエナビスタは、顕彰馬に匹敵する名牝である。

第3章
この馬、予想不可能につき

12 カブトシロー 新聞を読む馬

「稀代のくせ馬」とか「新聞を読む馬」と呼ばれ、カブトシローは長く語りつがれてきた。寺山修司は「死神」と表現し、武智鉄二は『犯罪馬カブトシロー』という小説を書き、山野浩一は物語のタイトルに「反逆こそわが勝利」とつけた。物書きはこの類いの話が大好物だ。

カブトシローは二歳から六歳までの五年間で六十九戦して十四勝。五歳の秋には天皇賞と有馬記念に勝った名馬だが、「新聞を読む馬」は予想紙の印に逆らうかのように走った。人気になるとやる気がなさそうな走りであっさりと負け、人気がなくなると驚くような強さで強豪を破った。

「稀代のくせ馬」はゲートを嫌がり、たびたび出遅れた。ぽつんとしんがりを進んで一気に追い込んできたかと思えば、他馬を引き離して逃げ、逃げきってしまうこともある。暴走、落馬、大差のどん尻負け、いろいろあった。

途中で馬主が替わった。乗った騎手は十一人を数え、そのなかには若くして引退を余儀なくされた騎手や、八百長に手を染めた騎手もいる。だから「死神」であり「犯罪馬」である。活字をとおしてしかカブトシローを知らないわたしは、これらのキーワードから現役時代を想像しながら本稿を書いていく。

問題の馬、カブトシローは一九六二年三月二十四日に青森県十和田市の佐々木倬《あきら》牧場でうまれた。佐々木牧場は小さな牧場で、生産馬は地方競馬に行く馬かアラブである。カブトシロー以外の活躍馬を見ると、一九八〇年にアラブ重賞に五勝し、最優秀アラブにも選出されるホクトチハルがいる。なつかしい名前だ。

カブトシローについて書かれたものには「三流血統」というような表現も目にするが、書かれているほどひどくないし、血統を眺めていると、カブトシローのような名馬がでてもなんら不思議でないと思う。

父のオーロイはイギリスで八戦一勝だが、二千ギニー三着、ダービー四着とクラシックでもいい成績を残している。その父のオリオールはイギリスのリーディングサイヤーで、産駒にはエリモジョージやタイテエムの父として知られる名馬セントクレスピン（凱旋門賞）などがいる。

母のパレーカブトはイーストパレード（六勝、セントライト記念）という無名種牡馬の娘だったが、中央で二十九戦五勝、朝日杯三歳ステークス（現朝日杯フューチュリティステークス）で二着になっている。このときの勝ち馬は翌年の三冠すべてで二着になるカツラシュウホウで、三着はのちの天皇賞馬オーテモンである。当然、クラシックでも期待されたが、桜花賞九着、オークス十一着に終わった。四歳になってから地方競馬でも走り、船橋のクイーン賞三着という記録がある。

パレーカブトの母系はアメリカから輸入された祖母メイビイソウ（一九二一年生）にさかのぼるが、一九六〇年代には天皇賞・春と宝塚記念に勝ったヒカルポーラをはじめメイビイソウ系の活躍がめだっていた。パレーカブトの産駒たちもコンスタントによく走り、カブトシローの四歳下の妹ライトパレーはオークスで二着になっている。

パレーカブトを所有していたのは西山牧場（北海道鵡川《むかわ》町）を創業した西山正行である。まだ牧場をつくる前で、佐々木牧場に繁殖牝馬を預けていたのだ。現役時代は別の馬主が所有していたから、繁殖牝馬として買ったものと思われる。

カブトシローという名前は、母の名と西山の冠名「シロー」を組み合わせた。シローは西山が当時営んでいたキャバレーの店名からとった。クラブシローは銀座でも名の知れた一流店だったという。

一歳になるとやはり西山が繁殖牝馬を預けていた平和牧場（北海道門別町）に移って育成されたカブトシローは、そのあと東京競馬場の久保田彦之《ひこゆき》厩舎にはいる。久保田彦之はニッポーテイオーなどで知られる久保田金造の兄で、わたしたちの年代が思いだすのはサクラショウリ（ダービー）やビンゴガルー（皐月賞）である。

カブトシローは真っ黒で小柄な馬だった。若いときは四百二十から四百三十キロ台で、五歳六歳になっても四百四十キロ台で走っている。デビューは二歳の七月、福島だった。騎手は高松三太。気性がはげしく、ゲート試験に受かるまで時間がかかり、ろくな調教タイムもだしていなかった馬は八頭立ての七番人気で三着になると、二戦めは六番人気であっさりと逃げきっている。しかし、そのあと八連敗で二歳戦を終えている。

一九六五年。三歳になると古山良司が乗って四着となり、そのつぎに手綱をとるのが山岡忞《つとむ》である。山岡はデビュー十五年めの三十二歳。三年前にはオンスロートで天皇賞・春と有馬記念に勝ち、一九六二、六三年には全国リーディングの四位になるなど、トップジョッキーとして円熟期を迎えつつあった。

山岡に乗り替わった初戦は十着、二戦めは落馬。そのあと、三月六日のたちばな賞をあっさりと逃げきった。それからも山岡が主戦として乗り、オープンで二勝し、皐月賞（十二着）とダービー（五着）にも出走、日本短波賞では三着にはいっている。

ところが秋になって山岡が関係した八百長事件が発覚する。しかも八百長が仕組まれたレースのひとつがカブトシローが勝ったたちばな賞だったのだ。山岡ほか三名の騎手と暴力団員二名が逮捕起訴され、有罪となる。四名の騎手は競馬界から永久追放となった。世に言う「山岡事件」である。カブトシローには罪はなかったが、この事件によって人々はカブトシローを色眼鏡で見るようになる。

事件のあと、カブトシローの騎手は加賀武見、大崎昭一と代わった。大崎とは馬が合ったのか、十一月の東京のオープンでは離れた後方から追い込み、宝塚記念でシンザンに半馬身差の二着だったバリモスニセイ（この時点で重賞五勝）に五馬身差をつけて勝っている。十一頭中八番人気で、単勝は五千三百五十円もついた。つづくカブトヤマ記念も二着に二馬身差をつけて完勝する。七番人気で単勝は千百四十円だった。

三歳では十八戦（五勝）したが、四歳になってもカブトシローはタフに走った。この年は大崎のほかに野平好男、久保田秀次郎《ひでじろう》、郷原洋行、小島太が乗って、十六戦一勝。一勝はオープンだが、六着以下は三回しかない。「くせ馬」と言われた馬とは思えない、抜群の安定感である。

しかし、着順は安定していても一、二番人気では五戦して一度も馬券に絡まず、九番人気だった春の天皇賞ではシンザン世代の強豪ハクズイコウ、ウメノチカラの三着に食い込み、同世代のクラシック馬キーストン（五着）とダイコーター（九着）に先着している。さらに有馬記念も七番人気でコレヒデに半馬身差の二着。スピードシンボリ（三着）にも先着した。たしかに競馬新聞を読んで、人々の予想に逆らって走っていたような成績だ。

小さな黒鹿毛。はげしい気性。時間をかけて成長しながらタフに走り、天皇賞や有馬記念では二着三着になって穴をあける――。

書いていてステイゴールドを思いだした。ステイゴールドは頑張っても頑張っても勝てないことでファンが増えていったが、じつは騎手に逆らってちょっとだけ負けていたのかもしれないし、「反逆児」カブトシローは、ほんとうは力の限り頑張って二着三着に追い込んできたのかもしれない。そんなことを想像しながら書き進めていく。

そして一九六七年。五歳になったカブトシローはさらに安定した走りをみせる。春は六戦して勝てなかったが二着二回、三着四回。人気も二番人気が三回、三、四、五番人気が一回ずつである。このうち四回がスピードシンボリに負けている。なかでも天皇賞は悔しい負けだった。いつものように最後方から一気に追い込み、馬体を並べての競り合いに持ち込んだが頭差の二着だった。相手の騎手は野平祐二、こちらは若く実績に乏しい若手の久保田秀次郎である。致し方ないという気もする。

このころ、カブトシローに大きなできごとがあった。天皇賞のあとオーナーが西山正行から志賀泰吉（有限会社志賀）という人物に替わるのである。このときの経緯について、西山の息子、西山茂行が自身のブログ「西山牧場オーナーの（笑）気分」（二〇〇四年一月十八日）に書いている。それによると、二着三着ばかりで頭にきた西山正行は「いまが売りどき」と判断して売ったのだという。このあと、カブトシローは天皇賞と有馬記念に勝ち「自分を売却した馬主を恨んで天皇賞、有馬記念連覇」などと書かれたそうだが、あたらしく馬主となった志賀はほどなくして本業のほうがうまくいかなくなり、倒産する。一方、手放した西山の事業は軌道にのり、競馬でも西山牧場は社台ファームに次ぐ巨大牧場となっていく。やっぱりカブトシローは、寺山修司が書く「死神」だったのだろうか。

さて、勝負服がかわった五歳の秋。いよいよカブトシローの本領が発揮される。この秋は東京競馬場の改築工事のためにずっと中山競馬場でレースがつづいた。京王杯オータムハンデは五番人気で三着だったが、一番人気に推されたステイヤーズステークスと目黒記念は六、八着に負ける。天皇賞では十四頭立ての八番人気まで人気を下げていた。大レースでの二着三着はあっても、ここまで二十連敗しているのだからそれも当然だろう。

スタートは例によって出遅れた。そのまま最後方からレースを進めると、二周めの向こう正面から内をまわりながら中団まで差をつめていく。四コーナーでは多くの馬が外をまわったなかで、カブトシローは内埒沿いをするすると抜けだし、二着のネイチブランナーに二馬身の差をつけてしまう。「稀代のくせ馬」会心の勝利だった。

このときの騎手は四歳の春から主戦として乗っていた久保田秀次郎である。久保田彦之の次男だが、尾形藤吉に弟子入りし、デビューして五年めの二十三歳だ。この年は四勝しただけで、そのうち一勝が天皇賞である。久保田は翌年十一戦（うちカブトシローで三戦）しただけで引退し、その後、消息不明のようにも伝えられている（こういうところがカブトシローにまつわる話らしい）が、西野広祥（慶応大学教授）が競馬週刊誌『競馬研究』（一九七〇年九月十二、十三日号「競馬人ルポ」）の取材で二十六歳になった久保田に会っている。それによると、久保田は有馬記念の前に二歳馬の調教中に落馬して負傷する。快復した翌年すこし騎乗したが、体の調子が悪く、騎手免許を返上したのだという。西野が取材したときは調教にも乗るようになり、騎手としてカムバックをめざしているということだったが、復帰はできなかった。

ということで、有馬記念は大崎昭一に乗り替わっている。四番人気まで人気は回復していたが、前年の二着で、天皇賞も春二着、秋は楽勝だった馬である。有馬記念は四年つづけて秋の天皇賞馬が勝っているし、しかもこの年はコースもおなじ中山なのだ。四番人気で単勝千百二十円というのは、強いのはわかっていてもどこか信用できないでいるファンの心理が微妙にあらわれた数字だ。

そのなかでカブトシローは驚きの走りをする。

いつものように後方をゆっくりと進み、二周めの向こう正面で外をとおって動きだすと、三コーナーで先頭に躍りでてしまう。また、いつもの悪いくせがでた。どうせ最後はどん尻になるさ――。人々が冷笑するなかカブトシローは内埒に沿って一頭すいすい逃げていく。ペースが遅かったこともあるのだろう。直線に向いても、スピードが鈍るどころか後続を引き離していく。ほかの馬が懸命に追いかけても差は広がるばかりだった。最後は二着のリュウファーロスに六馬身差をつける独走となった。

カブトシローは六歳になっても現役をつづけた。最後の一年は十四戦五勝。有馬記念（五番人気、十着）以外は三番人気以内で、勝ったのはすべてオープンだった。騎手は大崎、増田久、久保田、白石一典が乗り、増田で五勝した。負けたレースは四戦が最下位で、宝塚記念（二番人気、八着）と有馬記念はブービーだった。

「南関東の皆さん、ハイセイコーの同級生、あのゴールドイーグルです。宮崎産馬、天皇賞への悲願をついに果たしました。父カブトシローが、マーチスが宮崎から声援を送っていることでしょう」

　現役時代を知らないわたしが、カブトシローで思いだすのは一九七七年のテンポイントが勝った天皇賞、杉本清の出走馬紹介である。大井競馬場でデビューしたゴールドイーグルは、名古屋競馬場を経て中央入りし、この年の春に大阪杯とマイラーズカップに勝っている。大阪杯ではホクトボーイ、エリモジョージらを破っていた。

　引退後、カブトシローは日本中央競馬会に購入され、日本軽種馬協会の延岡種馬場（宮崎県延岡市）で種牡馬となっていたが、ここでもまたちょっとした騒ぎが巻きおこる。一九八一年十二月二十二日、『東京タイムズ』紙のスクープで、腰を悪くして種付けができなくなったカブトシローが種牡馬廃用処分になることが発覚する。これにはファンからの抗議が殺到し、古山高麗雄、寺山修司、岩川隆、野添ひとみ、大川慶次郎ら十名の著名人が連名で中央競馬会に助命嘆願書を提出している。こうした働きかけが中央競馬会を動かし、「引退名馬の繋養」の第一号となったカブトシローは、一九八七年に二十六歳で死ぬまで宮崎で穏やかな余生をおくっている。

ギャロップダイナ

皇帝を抜き去った馬

13

一九八五年六月九日、日曜日の夜。わたしは飲み歩くこともなく、家でおとなしくしていたのは間違いない。夜のNHKのニュースを見ていたからだ。

スポーツコーナーだったのだろうか。GIでもないのに競馬が映しだされた。レースはオープン特別の札幌日経賞。ニュースの主役は公営南関東の浦和競馬場から鳴り物入りで中央入りしたキングハイセイコー（一番人気、五着）でも、一着のデリンジャーアモンでもなく、スタート直後に落馬したギャロップダイナだった。騎手を振り落として「空馬《からうま》」となったギャロップダイナは、前の馬たちを懸命に追いかけ、次々に追い抜いていくと、四コーナーでは逃げていたリキサンパワー（三着）も抜き去り、そのまま先頭でゴールを駆けぬけてしまった。

これはギャロップダイナを語るうえで欠かせないエピソードなのだが、いま考えると、どうしてNHKのニュースで報道されたのだろうか、と思う。「空馬の一着」はたしかにめずらしいシーンだが、ある程度キャリアのあるファンならば一度や二度は目にしているだろうし、そもそもニュースになるような類いの話ではない。

ニュースで流された理由を考えていて、思いあたることがひとつあった。CATV（ケーブルテレビ）をつかって競馬場や場外馬券売り場でも全国のレースの映像が見られるようになったのが一九八四年十二月で、その半年後にあの札幌日経賞があった。それ以前も「空馬の一着」はあっただろうが、テレビ中継中のレースでなければ競馬場にいた人たちしか見られないし、たぶん映像も残っていない。だから、NHKの人を含め、全国の競馬ファンが新鮮な驚きと笑いを共有した、はじめての「空馬の一着」がギャロップダイナだったのではないか——。もちろんこれは、わたしの推測でしかない。

ひょんなことで〝メジャーデビュー〟をはたしたギャロップダイナだが、まさかこの馬が四か月半後にシンボリルドルフを破ることになるとは、だれひとりとして想像もしていない。

ギャロップダイナは一九八〇年四月二十五日に北海道早来町の社台ファーム・早来（現ノーザンファーム）でうまれた。牧場時代から体も大きく、気の強い馬で、関係者の期待も大きかったという。

父は一九八二年から十一年連続で中央競馬のリーディングサイヤーとなるノーザンテーストで、ギャロップダイナは四年めの産駒になる。この世代にはシャダイソフィア（桜花賞）

やダイナカール（オークス）らもいて、ノーザンテースト産駒のあたり年だった。

母のアスコットラップ（父エルセンタウロ）は未出走馬だが、その母ディープディーンはアメリカの大種牡馬ボールドルーラーの娘で、名種牡馬ボールドビダーの全妹になる。ボールドビダーといえば一九七〇年代のアメリカを代表する名馬スペクタキュラービッド（アメリカ二冠馬。GI十三勝）の父である。アメリカの名血と言っていい繁殖牝馬だった。

アスコットラップの父エルセンタウロは日本の種牡馬としてはめずらしいアルゼンチン産馬である。欧米に飽き足らず、南米にまで足をのばして種牡馬を買ってくるところがさすがに社台ファームである。エルセンタウロ自身はカルロスペジェグリーニ大賞という歴史ある大レースの優勝馬で、種牡馬としてはアルゼンチンのダービーに相当するナシオナル大賞の優勝馬もだしていた。日本での代表産駒はニチドウタローで、わたしも好きな馬だった。四歳の春、大阪杯で落馬したあとオープンと天皇賞をレコードタイムで連勝したところは、ギャロップダイナにも重なる。ニチドウタローの天皇賞はわたしがはじめて見た社台ファーム産馬の大レース優勝であり、一九六九年のシャダイターキン（オークス）以来十一年ぶりだった。社台にもそんな時代があった。

こうした血統背景をもったギャロップダイナは、社台ファームの会員制クラブ法人、社台レースホースの所属馬となり、美浦トレーニングセンターの矢野進厩舎にはいった。

矢野は父の矢野幸夫厩舎（中山競馬場）の騎手（通算百三勝）、調教助手を経て一九七三年に調教師免許を取得、七五年に中山で厩舎を開業している。開業当初は、父の厩舎から引き継いだバローネターフ（中山大障害五勝）をはじめ、快速馬モデルスポート（ダイナアクトレスの母）など、社台ファームが生産し、クラブ法人のターフ・スポート（ターファイトクラブの前身）が所有する馬の活躍がめだっていたが、その後は、社台レースホースの所属馬が多くなっていく。矢野厩舎は八〇年代から九〇年代に三十六の重賞に勝っているが、そのうち三十四勝が社台ファーム（うち一勝はノーザンファーム）の生産という、社台グループの信頼も厚い調教師だった。

一九八二年七月。二歳になったギャロップダイナは新潟の芝の千メートルでデビューする。メイワキミコ（スプリンターズステークス二勝）とハワイアンイメージ（皐月賞）の妹プロメイド（父マルゼンスキー。翌年の桜花賞四着）が断然の人気を集めた新馬戦で、逃げたプロメイドをゴール前であっさりと抜き去っている。騎手は西野桂《かつら》。当時二十六歳で、野平省三、野平祐二の親子のもとで乗っていたが、モデルスポートの主戦として重賞二勝をしたあと、矢野厩舎に所属していた。ギャロップダイナの初勝利をあげたのが、シンボリルドルフの野平厩舎から矢野厩舎に移籍した騎手だったというのもおもしろい（西野は翌年騎手を引退した）。

デビュー戦を飾ったギャロップダイナだが、二戦めの特別で五着に負けると、馬の成長を促すために放牧にだされ、半年ほど休みをとっている。三歳の二月に復帰したが、同期のミスターシービーがシンザン以来十九年ぶりに三冠を達成したこの年、ギャロップダイナは六戦して勝てなかった。

四歳になった一九八四年はシンボリルドルフが無敗の三冠馬になった。その裏で、ギャロップダイナは十三戦して五勝している。芝でなかなか勝てなかったこともあってダート路線に方向転換すると、馬が変わったかのように走った。母系に流れるアメリカ血統がダートで目覚めたようだった。この間の騎手は、矢野厩舎の「ダイナ」の主戦として起用されていた柴崎勇、シンボリルドルフの岡部幸雄、社台ファームのアンバーシャダイで有馬記念に勝った東信二らが乗っている。

一九八五年。ギャロップダイナは、東信二を振り落としながらトップでゴールインした札幌日経賞を含め、秋の天皇賞の前まで十戦一勝という成績だった。ダートだけでなく芝でも堅実に走るようになり、落馬以外はすべて五着以内である。春には三度重賞に挑戦し、フェブラリーハンデ（六番人気）でアンドレアモンの二着、京王杯スプリングカップ（八番人気）と安田記念（十番人気）はニホンピロウイナーの三、五着と、ダートと短距離の最強馬を相手に健闘していた。

そして運命の十月二十七日、天皇賞。出走馬は十七頭。宝塚記念を筋肉痛で出走を取り消したシンボリルドルフは春の天皇賞に勝って以来、半年ぶりのレースだった。それでも単勝支持率五十六パーセントと、相変わらず絶対的な信頼を得ている。以下、凱旋門賞馬サンサンの息子で二千メートルが得意なウインザーノット、千六百メートルまでは無敵のニホンピロウイナーと人気はつづき、重賞未勝利のギャロップダイナは十三番人気だった。勝ちめはない、というのが衆目の一致するところだった。

ギャロップダイナは二週間前に千四百万下（三勝クラス）の特別に出走して二着に負け、そのあとに天皇賞参戦を決めた事情もあり、いままで乗っていた騎手の騎乗馬はすでに決まっていた。岡部幸雄はもちろんシンボリルドルフ、東信二は岡部が乗っていたアカネダイモン（十一番人気、六着）、柴崎勇はロシアンブルー（七番人気、十六着）である。そこで白羽の矢が立ったのが根本康広だった。当時、根本はデビュー九年めの二十九歳。矢野厩舎の馬ではバローネターフで二度中山大障害に勝っていた。

いまは「藤田菜七子の師匠」として有名になった根本だが、騎手時代は不思議な感性と強運で、大舞台でたびたび観衆を沸かせたものだ。二年後のダービーではメリーナイスで六馬身差の独走を演じ、映画『優駿 ORACION』（一九八八年。監督・杉田成道《しげみち》）の主役馬オラシオンの騎手役として出演した。また、同年代の加藤和宏（調教師）、木藤《きふじ》隆行（根本厩舎の調教助手）と仲がよく、あかるく愉快な三人は〝ひょうきんトリオ〟などと呼ばれる人気者だった。この年はまさに三人の年で、木藤がエルプスで桜花賞を逃げきり、加藤はシリウスシンボリでダービーを制し、秋の天皇賞で根本が日本中を驚かせることになる。

ところでこの日、社台ファーム代表の吉田善哉は京都競馬場にいた。京都ではスワンステークスがあり、桜花賞馬シャダイソフィアが一番人気になっていた。一方、天皇賞にでている社台ファームの生産馬はギャロップダイナだけである。シャダイソフィアは吉田の所有馬でもあり、桜花賞のあとにダービー（十七着）にも挑戦させるなど思い入れの強い牝馬だったが、レース中に故障して予後不良と診断され、安楽死処置がとられた。

吉田と親交があった吉川良《まこと》が著書『血と知と地』のなかで、このときの吉田について書いている。京都から帰ってきた吉田は、吉川に「逃げたら勝っちゃったね」と笑い、こうつづけたという。

〈しかしね、ギャロップダイナは勝ったが、わたしが逃げたもんだから、ソフィアがあんなことになっちゃったね。ひとつ勲章をもらったけど、前科ももらっちゃった〉

親しい間だから口にした冗談であり本音だと思うが、「前科」ということばに吉田の無念がにじむ。あのとき、吉田善哉はギャロップダイナの勝利のよろこびよりもシャダイソフィアの死にショックを受けていた、というような話はわたしたちにも聞こえてきていた。

話は東京競馬場の天皇賞に戻る。

シンボリルドルフはめずらしくスタートで遅れた。あとからレース映像を見ると、レース中、ルドルフにしては急ぎすぎていた。前へ前へと、あきらかに力んで走っている。直線で先頭に立つもの早く、それを狙いすましたようにウインザーノットが迫り、一瞬、前にでる。しかし、地力で勝るルドルフが抜き返す。そこに外からニホンピロウイナーが追ってくるのと同時に、さらに外から三頭をまとめて一気に抜き去った馬がいた。

あっと驚く、ギャロップダイナ！

中継したフジテレビのアナウンサーの絶叫がすべてのファンの思いだった。

優勝タイム一分五十八秒七は前年のミスターシービーの記録を〇・六秒更新するコースレコードで、ギャロップダイナの単勝は八千八百二十円。これは現在も残る、秋の天皇賞の最高配当である。だが、タイムとか配当よりも、シンボリルドルフを抜き去ったことが信じられなかった。同期の三冠馬ミスターシービーがどうやっても敵わなかった馬を、シービーがクラシックで躍動していたときに最下級条件も抜けだせずにいた馬が負かしてしまったのである。

「空馬の一着」よりもはるかに大きなニュースとなる走りで名をあげたギャロップダイナだが、つづけて根本騎乗で臨んだジャパンカップは七着（日本馬としては三位）、有馬記念も五着。二戦とも勝ったシンボリルドルフから大きく離された完敗であった。

五歳になった一九八六年、ギャロップダイナはマイル路線を進んだ。柴崎勇が主戦として戻り、東京新聞杯を一番人気で勝ち、京王杯スプリングカップ四着のあと安田記念を一番人気で完勝した。天皇賞や前年の安田記念に比べれば相手が楽だったこともあるが、直線の外から堂々と追い込み、二着のホリノカチドキに一馬身四分の三差をつけた。シンボリルドルフを破った追い込みがフロックでなかったことをしっかりと証明してみせた。

おなじノーザンテースト産駒のアンバーシャダイもそうだが、ギャロップダイナも打たれ強い馬だった。泥臭く、負けを重ねながら強くなり、気がついたときにはチャンピオンとして頂点に立っているのである。血統論者はそれをノーザンテーストの成長力だという。

安田記念にも勝って日本のトップマイラーとなったギャロップダイナは、夏にフランス遠征にでた。吉田善哉がフランスで所有していたリアルシャダイがいたジョン・カニングトン厩舎に預けられ、父のノーザンテーストが十着と二着に負けている千六百メートルのＧⅠ、ジャックルマロワ賞（ドーヴィル競馬場）とムーランドロンシャン賞（ロンシャン競馬場）に挑んだ。しかし、リアルシャダイの主戦騎手だったモーリス・フィリッペロンが乗ったジャックルマロワ賞はブービーの十二着、ムーランドロンシャン賞はギャロップダイナに帯同しフランスでずっと調教をつけていた柴崎が乗ったが十着に終わった。当時の日本とヨーロッパの差がそのまま着順となったような結果だった。

フランスから帰ってきたギャロップダイナは天皇賞四着、ジャパンカップ十着と精彩を欠き、引退レースとなる有馬記念に出走する。それまでの成績をみれば、二千五百メートルはあきらかに距離が長く、十二頭中十一番人気でしかない。前の年はシンボリルドルフ、ミホシンザンにつづく評価を受けていた馬は、大きく評価を落としていた。

しかし、ここでギャロップダイナという馬の本領が発揮される。最後の直線。一番外から勢いよく追い込んできたギャロップダイナは、内から抜けだしたダイナガリバーに半馬身差まで迫る二着となった。二頭の連勝（枠連）二―五は八千百円。ストロングエイト、ニットウチドリで決まった一九七三年の二―八（一万三千三百円）に次ぐ高配当となった。ギャロップダイナらしい置き土産だった。

レース後、牧場も馬主もおなじということで、ギャロップダイナはダイナガリバーと一緒に口取り写真に収まった。ダービーと有馬記念に勝って年度代表馬となったダイナガリバーが主役ではあったが、馬券を外したわたしたちファンにとって、どうしても「ギャロップダイナが二着に突っ込んできた有馬記念」という記憶が強く残るのである。

14

ダイユウサク
ゼッケン「8」の馬を買えましたか

パドックのファンならば、なんどか経験があると思う。なぜだかわからないのだが、無意識のうちに目に飛びこんできた馬が馬券に絡むときがあるのだ。問題はその馬を買えるセンスがあるかどうかなのだが。

あの有馬記念のわたしがそうだった。パドックを周回する馬たちを眺めていると、ゼッケン「8」の馬がやたらと目にはいってきた。たしかにいい気配のように思えた。そのたびに新聞で馬の成績やプロフィールを確認した。ダイユウサク。ノノアルコ産駒のマイラーで、長距離の実績に乏しい。前走勝っているといってもマイルのオープン特別で、中一週というローテーションはさすがにきつい。いくら新聞を見ても買う要素が見つからない。

パドックを離れるとすぐにゼッケン「8」の馬のことを忘れていた。ヤマニングローバル、フジヤマケンザン、ツインターボ。わたしが買った馬たちだ。

そしてゴールの瞬間、またあのゼッケン「8」を見ることになる。あっ、あの馬……と思ったときはもう、いつものようにあとの祭りだった。博才のある人だったらメジロマックイーンから馬連の押さえにダイユウサクを買っていたのだろうか……。そんなことを考えながら取材をつづけていた。仕事が一段落し、仲間が集まり、これまたいつものように反省会がはじまると、ひとり、にやけている男がいた。後輩だった。

「単勝、取りましたよ」

なんでこんな馬が買えたんだ、と驚く周囲の問いにたいして、かれは宣《のたま》った。

「パドックを見たら、簡単でしたよ」

あの日。パドックを見ていたあなたは、ゼッケン「8」の馬を買えましたか？

一九八五年、ダイユウサクは北海道門別町（現日高町）の優駿牧場でうまれた。誕生日は六月十二日とかなりの遅生まれだ。クラシックをめざすような馬だったならば、満三歳になる前に皐月賞、ダービーを迎えることになる。

父はノノアルコ。イギリスとフランスで四つのGⅠに勝った名マイラーで、フランス、アイルランドで種牡馬生活をおくったのち日本に輸入されている。日本で種付けをはじめたのは一九八二年からで、ダイユウサクは三年めの産駒になる。ヨーロッパに残してきた産駒からメリノ（フランス二千ギニー）やケイティーズ（アイルランド千ギニー。のちにヒシアマゾンの母）といったクラッシック馬も誕生していて、生産界期待の新進種牡馬として人気も高かった。

母のクニノキヨコ（父ダイコーター）は一勝馬だが、その母クニノハナ（父ネヴァービート）はビクトリアカップ（エリザベス女王杯の前身）など六勝した名牝である。

生産した優駿牧場はダイユウサクの内藤繁春調教師が競走馬を育成するためにはじめた牧場である。内藤はまじめな人物である反面、常識とか慣例にとらわれない、思いきった言動でも知られ、調教師の定年を前に騎手試験を受験し（結果は不合格）、関係者やファンを騒然とさせたのも記憶にあたらしい。

優駿牧場の創業は一九六九年。元騎手の中野与太郎が場長となり、その後、内藤厩舎に縁のある馬主の繁殖牝馬を預かって生産もはじめている。ダイユウサクが誕生したときは与太郎の息子、中野富夫が場長をしていた。高校を卒業したあとコンピュータ関係のサラリーマンをしていた中野は、父の仕事を手伝うために日本獣医畜産大学（日本獣医生命科学大学）に進んで獣医師免許をとり、与太郎が亡くなったあとに場長となった。

しかし、ダイユウサクが有馬記念に勝ったときには牧場のオーナーは「マチカネ」の冠名で知られる細川益男にかわっていて、牧場名も待兼《まちかね》牧場となっていた。中野はダイユウサクをトレセンにおくりだしたのを最後に退職し、自分で牧場をはじめていた。のちにホウライアキコ（デイリー杯二歳ステークスなど重賞二勝。桜花賞四着）などを生産するナカノファームである。ナカノファームを取材したとき、中野にダイユウサクについてたずねると、

「腰が悪くて、いちばん走らないと思われていた馬が有馬記念に勝つんですから、ほんと、

競馬はわからない」

と笑っていた。一九八五年に優駿牧場でうまれた仔馬は五頭だったが、ダイユウサクはもっとも体が小さく、腰も弱かった。牧場の繁殖牝馬にノノアルコのような人気種牡馬を種付けするのは稀だったこともあり、中野は時間をかけてゆっくりと育てていった。栗東トレーニングセンターの内藤繁春厩舎に移ったのは二歳の十二月だった。

ダイユウサクの馬主は名古屋市で運輸会社（橋元運輸）を営んでいた橋元幸平である。シンザン、ダイコーター（ダービー前に上田清次郎に売却）などで知られる橋元幸吉の弟で、兄が亡くなったあとに馬主となり、個人名義とは別にシンザンクラブという法人（幸吉の勝負服を継承）でも馬を走らせていた。オールドファンにはなつかしい「ハシ・ハシの菊花賞」のハシハーミットとハシクランツの二頭は〝シンザンの勝負服〟で内藤厩舎の馬だった。橋元はダイユウサクの母クニノキヨコも所有していて、産駒はすべて橋元の家族名義で走らせている。ちなみに、ダイユウサクの馬名は、橋元の孫の名前（幸作）をとって「ダイコウサク」となるはずだったが、馬名申請時のミスで「コ」が「ユ」なってしまったのは、いまでは有名な話である。

内藤厩舎にはいったダイユウサクは体が弱く、競走馬となるまで時間がかかった。ようやくデビューできたのは三歳の十月三十日、スーパークリークが菊花賞に勝つ一週間前である。四百万下（現一勝クラス）で最下位の十一着。一着馬から十三秒も離された大差負けだった。二週間後の未勝利戦も十四頭中の最下位。一着とのタイム差は七秒三。遅生まれとか体質が弱いとかの問題ではなく、ただ能力が足りないとしか思えないような負けっぷりである。ずっと我慢して調教してきた内藤も、このときはさすがに乗馬にでもしようかと考えたという。

しかし、ダイユウサクは現役をつづけた。こういうことができたのは橋元と内藤の信頼関係があったことはもちろんだが、橋元が繁殖牝馬を牧場に預け、うまれた仔を走らせるオーナーブリーダーだったからだろう。ビジネスライクに馬の出し入れがおこなわれている現在の競馬ではあり得ないことだ。

二戦つづけて大差のしんがりだったダイユウサクは短い休養をはさんで四歳の三月に復帰すると、復帰三戦めで初勝利をあげた。四月の新潟のダート千七百メートル、十二頭中十番人気だった。しかもこの年は、虚弱体質だった馬とは思えないほどタフに走り、十六戦もしている。初勝利のあとは五月と六月に一勝し、九月には二連勝した。しかも阪神の芝の千二百メートルをコースレコード（一分八秒九）で、二着に三馬身半の差をつけて勝つのである。

騎手は二勝めから熊沢重文《しげふみ》が主戦になっている。熊沢は五十三歳になったいまも障害レースで活躍しているが、若いときには平地でも障害でも第一線で乗っていた。一九八六年に内藤厩舎からデビューし、このとき二十一歳。前の年には十番人気のコスモドリームでオークスに勝って驚かせていた。

一九九〇年。五歳になったダイユウサクは春シーズンを休養に充て、六月に復帰して七戦三勝の成績をあげた。セントウルステークスで二着になり、秋の天皇賞にも挑戦した。はじめてのＧⅠは七着だったが半馬身前の六着は同世代のヒーロー、オグリキャップだった。

そして一九九一年。ダイユウサクは京都の金杯（二千メートル）で初重賞勝ちをおさめる。五十八キロのトップハンデで一番人気、直線で外から追い込み、二着のホワイトアローに一馬身差をつける完勝だった。このとき、騎手を落とした空馬がインコースから追い込んできて、ダイユウサクと並ぶようにしてゴールを走り抜けている。二番人気のメジロマーシャスである。池江泰《やす》郎《お》厩舎の「メジロ」で、メジロティターン産駒の芦毛。まるで年末の有馬記念を暗示するかのようなゴールシーンだった。

前年末から三連勝で重賞を制したダイユウサクはすでにりっぱな一流馬である。このあと大阪杯で二着になり、安田記念や宝塚記念もたのしみになったが、脚の状態が悪くなり、休養を余儀なくされる。

秋に復帰したダイユウサクは朝日チャレンジカップ七着のあと、京都大賞典ではじめて二千四百メートルを経験したがメジロマックイーンから十三馬身ほど離された五着に終わった。そのあとは短い距離のレースに使われ、スワンステークス四着、マイルチャンピオンシップ五着。そしてマイルのオープン特別、阪神競馬場新装記念に勝つと、中一週の強行日程で有馬記念にエントリーし、推薦馬として出走してくるのである。

ここでダイユウサクの担当厩務員について触れておく。世話をしていたのは平田修。のちに調教師となり、カレンブラックヒルやゴールドドリームなどのＧＩ馬を育てている。優駿牧場で馬の勉強をしてから内藤厩舎にはいった平田は当時三十一歳。持ち乗り（厩務員を兼ねる調教助手）としてダイユウサクの世話をしながら調教でも乗ってきた。平田が調教師になったときに取材する機会があり、あの有馬記念についてきいた。

「あれにはぼくが一番びっくりしましたよ。京都大賞典ではメジロマックイーンを負かしにいって跳ね返されてましたからね。ぼくとしては馬の仕上げには自信があったんですけど、まさか勝つとは、想像もしてませんでした」

そう言った平田は、笑いながらつづけた。

「内藤先生は有馬に勝つ夢を見たって言ってましたけどね」

内藤が夢を見たのは有馬記念の一週間前の土曜日だった。夢のなかのダイユウサクは五枠だったという。わたしがその話をきいたのは有馬記念のあと、年があけてからである。当時、『優駿』で担当していた「杉本清の競馬談義」（一九九二年三月号）のゲストに内藤がでてくれたのだった。

内藤は夢を見たあとの日曜日、スタッフに「勝つのは簡単だけど、祝勝会は気をつかうな」と冗談を言っていたそうだ。平田もこのとき夢の話をきいたのだろう。さらに月曜日には北海道の牧場に馬を見に行って「ダイユウサクが五枠を引いたら、馬券を買えよ」と牧場の人たちにも話していたという。

そして枠順抽選でダイユウサクは五枠八番にはいった。ここから内藤は本気で有馬記念に勝てると信じていた。

そしてあの日、一九九一年十二月二十二日。馬券は外れても、わたしたちは歴史的な有馬記念を目撃することになる。

単勝の一番人気はメジロマックイーンで一・七倍。天皇賞はプレクラスニーに六馬身の差をつけて独走しながらスタート直後の斜行で最下位に降着となり、ジャパンカップは四着だったが、日本馬として最先着（二位は八着のフジヤマケンザン）だった。この秋はＧＩでつきがない感がするが、だれもが認める現役最強馬である。

ダイユウサクはブービー人気の十四番人気だった。平田が言うように、馬は最高の状態に仕上がっていた（パドックを見ていたわたしもそう思う）。しかし、調教師の内藤を除けば、関係者はだれひとりとして勝てると思っていない。馬主の橋元幸平は競馬場にも来ていなかった。

レースはツインターボの速い逃げで展開する。メジロマックイーンは中団のややうしろ。ダイユウサクはその直後、本命馬をマークするようなポジションでレースを進めている。

最後の四コーナーをまわって直線、満を持して真ん中から抜けだそうとしたメジロマックイーンが先頭に立つ間も与えずに、内からものすごいスピードでダイユウサクが抜けてくる。五枠の黄色い帽子。ゼッケン「８」。ゴールするやいなや、鞭を持つ熊沢重文の右手が高々と挙がった。メジロマックイーンに一馬身四分の一の差をつけ、優勝タイムの二分三十秒六は二年前のイナリワンの記録を一秒一も更新する有馬記念レコードだった。

ファンはなにがおきたのかすぐに理解できなかった。騒然としていたスタンドはやがて鎮まり、熊沢とダイユウサクがウイニングランをしてスタンド前に戻ってきても歓声や拍手は小さく限定的だった。「オグリコール」につつまれた一年前とは雲泥の差である。レースのあと、もっとも大きな歓声が沸いたのは配当が発表されたときだった。ダイユウサクの単勝は一万三千七百九十円。有馬記念史上空前にして絶後の最高配当となった。

翌年も現役をつづけたダイユウサクは、六戦し、大阪杯六着が最高の成績に終わった。通算三十八戦十一勝。重賞勝ちはふたつだけだが、あの有馬記念の一勝でダイユウサクは歴史をつくり、長く人々に語りつがれる名馬となった。

あれから二十三年後の二〇一四年、わたしは俳優の小林薫に森田芳光の話をきいていた。森田は二〇一一年に亡くなったが、一緒にＪＲＡのコマーシャルにも出演したふたりは会えばよく競馬の話をした。小林に森田とのつきあいで一番記憶に残っている馬をたずねると、すぐに「ダイユウサク」という答えが返ってきた。あの有馬記念のあと、森田に会ったとき、こう言われたというのだ。

「薫ちゃん、ダイユウサク買った？　えっ、買わなかったの。優作だよ、優作。買わないとだめだよ」

優作とはもちろん松田優作である。あの有馬記念の二年前に亡くなった松田は、森田の監督作品『家族ゲーム』と『それから』で主演していた（『それから』では小林が助演だった）。だから「買わないとだめだよ」と熱く語っていた森田は、当然、歴史的な単勝万馬券を取ったものだと小林はずっと思っていたという。

しかし、森田はその日は原稿を書いていて中山競馬場にも行かず、ダイユウサクの馬券は一枚も買ってなかった。インタビューの前に森田の資料を読んでいたわたしがその話をすると、小林はたのしそうに言った。

「そうなの。それはよかった」

競馬ファンは万馬券を取り逃した人の話が大好きなのだ。

もちろんあなたも、ダイユウサクは買ってないですよね。

15

ヒシミラクル
ミラクルは三度ある

東京・木場。ここは江戸のむかしから材木商の町だった。阿部木材工業（アベキャピタル）もこの地で創業した。日本ダービーがはじまった一九三二年のことで、創業者は阿部雅信という。輸入材木の加工販売で成功した雅信は、戦後の国営競馬時代に馬主になった。スピード馬として人気のあった初代のヒシマサル（重賞四勝）から仔のヒシマサヒデ（重賞三勝）、孫ヒシスピード（重賞三勝）と、三代つづけての重賞勝ち馬を送りだした名物オーナーだった。冠名の「ヒシ」は、会社のロゴマーク（菱形の枠のなかに雅の文字）に由来する。

一九八一年に雅信が亡くなると、長男の阿部雅一郎が事業と「ヒシ」の馬を引きついだ。ところが、道楽馬主だった雅信は繁殖牝馬と中央・地方で走らせていた馬を合わせると二百頭もの馬を所有していた。しかも、ヒシマサルやマサヒデの血にこだわるあまり、時代に即さない血統の馬も多く、馬に関する出費は本業を圧迫するほどに膨らんでいた。

阿部はそこから七年かけて父の馬を整理すると、あらためて自分の馬を求めて北海道のせり市に行った。しかし、いい馬のほとんどは「庭先取引」と呼ばれる、牧場とバイヤーの直接売買で売られてしまい、せりにでてくるのは、ことばは悪いが売れ残りだった。閉鎖的な市場に嫌気がさした阿部は、木材の輸入で取引のある人物の紹介でエージェントを雇い、アメリカ市場に向かう。そうして買ったのがヒシアマゾンの母ケイティーズやヒシアケボノ（スプリンターズステークス）、二代めヒシマサル（重賞三勝、血統表記はヒシマサルⅡ）だった。

しかし、本稿の主役ヒシミラクルは日高軽種馬農協が主催する北海道トレーニングセール（札幌競馬場）で買った馬である。阿部は日本のサラブレッド市場に批判的な立場をとってきたが、一九九〇年代の後半になると日本競走馬協会のセレクトセールをはじめ良質の馬がせりに上場されるようになり、日本のせりでも買うようになっていた。

北海道トレーニングセールには育成牧場などで調教を積まれた二歳馬が上場される。同世代のエリートたちが来年のクラシック候補として雑誌などで盛んにとりあげられている二歳の五月。まだ行く先も名前も決まらない馬たちの、いわばラストチャンスである。

トレーニングセールで馬を買うのは初めてだった阿部は午前中の調教に遅刻し、上場馬の走りは会場で流されるビデオで見るはめになった。結果論になるが、これがよかった。ビデオで目にとまったのがヒシミラクルだったのだ。調教タイムがよくなかったということで競る相手もなく、お台（最低落札希望価格）の六百五十万円（消費税別）に、ひと声で阿部が落札する。この日落札された牡馬の平均価格は七百十万余だから、平均以下である。阿部は「六百五十万円でもちょっと高いかなと思った」そうで、それが名前の由来になったと、のちに教えてくれた。

「一勝か二勝できれば御の字と思っていたから『それ以上走ったらミラクルだぞ』という意味でミラクルと付けたんです。まさにそのとおりの馬でしたよ」

ヒシミラクルは一九九九年三月三十一日に北海道三石《みついし》町（現新ひだか町）の大塚牧場でうまれた。父サッカーボーイ、母シュンサクヨシコ（父シェイディハイツ）という血統。サッカーボーイの産駒ではヒシミラクルがうまれた年にナリタトップロードが菊花賞に勝ち、母は未勝利だったが、曾祖母ムーンフィニックスは大塚牧場が生産した菊花賞馬アカネテンリュウの妹である。血統表を見ながらこじつければ、菊花賞向きの血筋ということもできた。

残念ながら、いまは競走馬の生産をやめてしまったが、大塚牧場の創業は明治二十年代という、北海道でもっともふるい牧場のひとつである。創業者の大塚助吉は淡路・稲田家の家臣団のひとりとして入植した人物で、在留外国人によるニッポンレースクラブの時代に根岸（横浜）や不忍池（上野）の競馬で活躍した英《はなぶさ》という名馬の生産者としても名前が残っている。ヒシミラクルを生産したのは助吉から数えて四代めになる大塚信太郎である。中央競馬になってからも数多くの名馬を輩出してきたが、ヒシミラクルも勝った菊花賞と宝塚記念にはとくに縁があった。菊花賞馬にはアカネテンリュウと顕彰馬にも選ばれているメイヂヒカリがいた。宝塚記念はエイトクラウン、ナオキの母仔と、オグリキャップを破って世間を驚かせたオサイチジョージである。

大塚牧場は浦河町に育成専門の牧場があり、ヒシミラクルもそこでトレーニングを積んでいた。動きもよく、スタッフも能力を高く評価していた。しかし、母系が地味だったためか、くすんだ感じに見える芦毛のためか（毛色は祖母の父ラナークから受け継いだ）、二歳になっても買い手がつかず、トレーニングセールにでることになったのだ。

さて、阿部が落札したヒシミラクルは栗東トレーニングセンターの佐山優厩舎にはいった。佐山はヒシスピードを生産した武田農場（新冠）の紹介で阿部と知り合い、阿部がアメリカの市場に行くときもよく同行していた。佐山厩舎のはじめてのGI馬となったヒシアケボノもアメリカのトレーニングセールで買った馬だった。

ヒシミラクルはせりから三か月足らずでデビューする。しかし、小倉の千二百メートルで七着。その後も千二百メートルで三戦して惨敗がつづいた。距離が延びると五、二、三着といいレースがつづいたが、橈骨《とうこつ》（前腕骨）の骨膜炎で半年ほど休むことになる。

復帰したのは三歳の四月で、四、六着のあと中京二千メートルの未勝利戦で初勝利をあげた。ちょうど十戦め。この日、東京競馬場ではダービーがおこなわれている。

時間をかけた療養が功を奏し、脚の状態がよくなったこともある。主戦騎手の角田晃一がずっと「距離が延びてくれれば……」と言ってきたとおり、長い距離ではレースぶりが安定してきた。そこからは五百万下（現一勝クラス）を二戦めで、一千万下（二勝クラス）を三戦めで勝ちあがって神戸新聞杯に挑んだが六着。菊花賞の出走権はとれなかった。最終的には収得賞金順で最後尾に並んだ八頭のうち三頭が出走できる抽選をくぐり抜けるのだが、このときヒシミラクルはクラシック登録をしていなかった。佐山は『優駿』の杉本清との対談で語っている。

〈オーナーの阿部雅一郎さんは「好きなようにやっていい」と言われる方でして、２００万円の追加登録料を黙って払っちゃったんです（笑）。〉（二〇〇二年十二月号）

この判断というか独断が最初のミラクルにつながる。

菊花賞は十番人気だった。ダービー馬のタニノギムレットは秋になって屈腱炎を発症して引退、ダービー二着で神戸新聞杯も勝ったシンボリクリスエスは天皇賞に向かうということで、皐月賞馬ノーリーズンが一番人気になったが、この馬も皐月賞のときは十五番人気で、ダービーは八着という馬である。確たる主役がいない混戦ムードではあったが、ダービーの朝まで未勝利だった馬としては上々の評価だったろうか。

波乱はまずスタートでおきた。ノーリーズンが落馬する。馬からずり落ちる武豊の姿がターフビジョンに映され、スタンドが騒然とするなか、ヒシミラクルは後方からレースを進め、二周めの三コーナーの坂のくだりから外をとおってスパートする。人気のない気楽さもあったのだろうが、角田は馬のスタミナに自信をもっていた。四コーナーで先頭に立ったヒシミラクルは、早めに勝負したぶんだけ最後は息があがり、大外から追い込んできた十六番人気ファストタテヤマに鼻差まで迫られたが、ぎりぎり我慢した。ヒシミラクルの単勝三千六百六十円は歴代四位（当時）ならば、ファストタテヤマとの馬連九万六千七十円はいまなお断トツの菊花賞最高配当となった。

三歳の夏に力をつけて菊花賞に勝つステイヤーを先輩たちは「アカネテンリュウ型」と呼んでいた。わたしたちの年代は「グリーングラス型」で、そのあとにはメジロデュレン、マックイーン兄弟などがいる。ヒシミラクルもおなじようなタイプの馬で、大穴だったという点では「グリーングラス型」だが、血縁から「アカネテンリュウ型」と呼んだほうがいいか。いずれにしても、どの馬も遅咲きの名ステイヤーである。

菊花賞馬となったヒシミラクルだが、ノーリーズンの落馬などもあり、フロックと見る人はすくなくなかった。実際、五番人気と、菊花賞馬としては微妙な評価だった有馬記念で十一着に敗れると、四歳になってからも五番人気の阪神大賞典十二着、八番人気の大阪杯七着と、散々な成績がつづく。

やっぱりフロックだった――。

天皇賞・春のときには大部分の人がそう思うようになっていた。菊花賞とおなじ京都で、距離も三千二百メートルと条件は揃っていたにもかかわらず七番人気でしかない。

そして、ここで二度めのミラクルがおきる。

序盤は後方に待機し、うしろから外をまわってスパートしたヒシミラクルは、早めに先頭に立ってそのまま粘りこむ。二着のサンライズジェガーとは半馬身差だった。相当強引なレースだったが、裏を返せば、力がなければできない芸当である。

菊花賞がフロックでないことを証明したヒシミラクルだが、人々はまだ半信半疑である。ベテランファンはニットエイト（菊花賞九番人気、天皇賞・秋六番人気）、わたしたちはメジロデュレン（菊花賞六番人気、有馬記念十番人気）を思いだす。一年に一度ビッグレースで驚かせたダークホースである。

しかし、ヒシミラクルには三度めの、それも極上のミラクルがあった。二〇〇三年六月二十九日、宝塚記念である。

この年の宝塚記念は豪華な顔ぶれになった。天皇賞・秋と有馬記念に勝って前年の年度代表馬となったシンボリクリスエス。皐月賞、ダービーを勝ったばかりのネオユニヴァース。国内外でGI六勝のアグネスデジタルや秋にジャパンカップを圧勝するタップダンスシチーもいて、天皇賞馬のヒシミラクルは六番人気でしかない。

レースは圧巻だった。中団のうしろからいつものように外をまわって追いあげてきたヒシミラクルは、直線で先に抜けだしたシンボリクリスエスとタップダンスシチーをねじ伏せてしまうのだ。最後に外から追い込んできたツルマルボーイとの差は首だったが、着差では量れない強さを感じさせた。

この宝塚記念は、レースとはべつのところにもうひとり、話題の主がいた。あの〝ミラクルおじさん〟である。

スポーツ紙などの報道によると、レース前日の土曜日、東京・新橋の場外発売所で中年男性がヒシミラクルの単勝を千二百二十二万円買ったというのだ。ヒシミラクルの単勝は最終的に十六・三倍の六番人気に落ち着くのだが、前売りは二番人気（一時期一番人気）だった。レース当日の阪神競馬場はその話題でもちきりだった。彼の人物はヒシミラクルが勝ったことで二億円近い配当を得たことになる。わたしたちは取材そっちのけで知らない人物の配当を計算し、「一着賞金より多い！」と驚いたものだ。

自分とは関係のないところで大きなニュースがあったが、菊花賞に勝ち、天皇賞・春と宝塚記念を連勝したヒシミラクルは文句のないチャンピオンであった。三つのＧＩが十、七、六番人気だったのは、馬券を買うわたしたちが馬の才能や可能性を想像できなかっただけで、二〇〇〇年代を代表する名ステイヤーだったと言っていい。

このあと、ヒシミラクルは秋の京都大賞典でタップダンスシチーの二着になって実力をみせたが、右前脚に繋靱帯炎《けいじんたいえん》を発症、およそ一年の休養を余儀なくされる。

わたしが阿部雅一郎にヒシミラクルの話をきいたのは休養中の二〇〇四年の夏だった。当時、アベキャピタルの本社は木場に近い江東区有明にあった。

阿部はヒシミラクルが療養している「馬の温泉」（福島県いわき市。ＪＲＡ競走馬総合研究所常磐支所。現競走馬リハビリセンター）まで行って馬の様子を見てきたという。

それだけ熱心な馬主なのだが、じつは阿部はヒシミラクルの口取り写真には一度も写っていない。人気がなかったことで、負けたあと東京に帰ってくるのは疲れるという理由から、競馬場には息子の阿部雅英（現アベキャピタル社長）に行ってもらったのだ。最初の三勝も関西圏（中京、阪神）ということで、阿部はヒシミラクルが勝ったシーンは一度も見ていないと笑った。

「だから、今度は府中か中山で勝ってもらって、口取り写真に写りたいと思っているんだ」

しかし、一年後に復帰したヒシミラクルにはもうミラクルをおこす力は残っていなかった。五歳の秋にGIを三戦、六歳春に二戦したが勝てず、再度、繋靭帯炎を発症して引退が決まった。ヒシミラクルを見出した馬主が一度も勝つシーンを見ていないというのもまた〝ミラクル〟だった。

引退後は北海道静内町のレックススタッドで種牡馬になったヒシミラクルは、五年間で五十一頭に種付けし、めだった活躍馬をだせずに、二〇一〇年に種牡馬を引退した。現在は「ヒシ」の繁殖牝馬を預かっている中村雅明牧場(浦河町)で余生を送っている。

16 ゴールドシップ「気まぐれシップ」はどこへ行く

二〇一五年十二月、ゴールドシップの引退レースとなる有馬記念の前に、スポーツ誌『Number』(二〇一六年一月七日号)の取材で内田博幸にインタビューした。二〇一一年の夏にデビューしてから四年半ずっと第一線で活躍し、六つのGⅠに勝ったゴールドシップは歴史的な名馬でありながら、やる気なさそうにあっさりと負けてしまったり、ゲート内で立ちあがって大きく出遅れたりと、気まぐれな一面が人々を惑わせてきた。その二面性が魅力となり、多くのファンに愛された馬だった。内田は三歳から四歳の秋まで主戦騎手として十一度騎乗して七勝、四つのGⅠに勝っていた。有馬記念は四歳のジャパンカップで十五着に負けて以来、二年ぶりの騎乗となる。

都内のホテルで内田に会ったのは騎乗が発表された五日後だった。当初はゴールドシップに乗っていた当時の話をきくつもりでオファーをだしていたのだが、状況は変わり、どうしても話は有馬記念に乗ることになった経緯からけじまった。内田はすこし考えて、「なんとなく」と言った。

「なんとなく、最後は……、という話は関係者のなかで出ていたみたいでした。それで、ジャパンカップが終わったあとに、須貝先生から『有馬の調教を頼むから』と言われて、ああ、やっぱり乗るんだなと」

たしかに、調教師の須貝尚介《すがいなおすけ》は秋シーズンのはじめに「ジャパンカップは横山典弘、有馬記念は未定」と話していて、ファンの間でも最後に内田とのコンビが復活するかもしれないと話題になっていた。この二年、交互に乗っていた横山典弘と岩田康誠がどうこうではなく、わたしも内田を乗せて走るゴールドシップをいま一度見てみたかった。

「最後は内田で」という思いはゴールドシップに関わってきた関係者にもあった。内田に会う二か月半ほど前、ゴールドシップを生産した出口《でぐち》牧場をたずねたときのことだ。応接室に飾ってある優勝写真を眺めながら、場主の出口俊一《しゅんいち》がこんなことを口にした。

「自分の気持ちとしては有馬では内田に乗ってほしいんだよね。これはオーナーや調教師が決めることだけど」

そして初重賞勝ちの共同通信杯がいちばん嬉しかったと言う出口は、こうつづけた。

「やっぱり、この馬が強くなったのは内田のおかげだと思っているから」

ゴールドシップは二〇〇九年三月六日、北海道日高町門別の出口牧場でうまれた。出口牧場は出口俊一と弟の悟で運営している。繁殖牝馬は十頭、働き手は兄弟夫婦とパートひとりの五人という日高の平均的な家族牧場である。馬は戦前に祖父がはじめているが、当時は兼業農家で軍馬の生産などをしていた。本格的に競走馬の生産牧場となったのは一九六三年、出口俊一が七歳のときだった。中央のアラブ競走がなくなるころまでアラブ馬も生産していた。

ゴールドシップの馬主、小林英一（北日本精機会長）が馬主になってはじめて持った馬がゴールドシップの祖母パストラリズムだった。生産したのは新ひだか町静内の岡田牧場で、引退後に岡田牧場と縁戚関係（出口の曾祖父と岡田牧場の場主の祖母が兄妹）にある出口牧場に預けられた。それ以来、小林と出口牧場の関係はずっとつづいている。母のポイントフラッグも小林の所有馬で、チューリップ賞で二着になって桜花賞（十三着）とオークス（十一着）にでた。栗東トレーニングセンターの須貝彦三厩舎に所属し、オークスでは息子の須貝尚介が乗っていた。

メジロマックイーンの娘であるポイントフラッグにステイゴールドを配合したのは出口である。父ステイゴールド、母の父メジロマックイーンという配合にはドリームジャーニー、オルフェーヴル兄弟もいて、ファンや血統評論家から「黄金の配合」ともてはやされるようになるが、もちろんそれは偶然にすぎない。現役時代には五百十キロを超えていたポイントフラッグの産駒はみな体が大きかったので、細身のステイゴールドを種付けしてみただけのことだ。しかし、うまれてきたのは母親似の芦毛で、またしても大きな牡馬だった。

初期馴致は出口が代表になっている五輪《いつわ》共同育成センター（日高町）でおこなった。ここは出口兄弟を含む五人の共同出資で運営していた育成牧場だったが、二〇一一年いっぱいで閉鎖することになり、ゴールドシップは二歳の一月に浦河町を本拠としている育成牧場、吉澤ステーブルに移っていった。吉澤ステーブルは過去にダービー馬タニノギムレットやオークス馬ウメノファイバーなどを育成してきた、日高を拠点とする競走馬育成牧場では随一の存在である。

ゴールドシップは母馬に乗っていた須貝尚介の厩舎にはいることになっていた。須貝は開業した当初から吉澤ステーブルに毎年数頭の馬を預けていた。吉澤ステーブルでは同世代の馬を百二十頭ほど育成トレーニングしていたが、馬格はあっても、芦毛のせいか見た目の印象も薄かったゴールドシップは、どちらかと言えば「その他大勢」にはいるタイプの馬だった。

それでも、スタッフには忘れられないことがある。ゴールドシップは浦河の本場から福島分場（福島県天栄村）に移されて調教されていたのだが、三月十一日におきた東北太平洋岸の大震災による東京電力福島第一原発の爆発事故の影響で福島分場は閉鎖され、三月十九日に浦河の本場に戻っている。その一か月後には石川分場（石川県小松市）に移り、ここで一か月ほどトレーニングされて栗東の須貝厩舎にはいった。須貝は一度自分の手元で調教してからでないとデビューさせない調教師で、栗東で調教したあと函館に移動して新馬戦をレコード勝ちしたゴールドシップは、浦河で調整されたあと札幌で二戦し、また浦河に戻っている。

二歳の早い時期にこれだけ頻繁に移動すればへこたれても不思議でないが、ゴールドシップはいつも平然としていた。体調を崩すことも、どこかを痛がることもなかった。精神的にもタフな馬だった。また、ステイゴールド産駒の気性の激しさは有名だが、浦河で乗ったスタッフはだれもが「乗りやすい馬」だと言っていた。まだ猫を被っていたのかもしれない。

内田博幸がゴールドシップにはじめて乗ったのは二〇一二年二月、共同通信杯だった。落馬事故で頸椎を骨折する重傷を負い、加療とリハビリを経て八か月半ぶりにレースに復帰したばかりだった。

ゴールドシップは二歳で四戦している。秋山真一郎が乗って函館の新馬と札幌のコスモス賞を連勝し、安藤勝己が乗った札幌二歳ステークスとラジオＮＩＫＫＥＩ二歳ステークスで二着になっていた。内田はそれまでの四戦を見てレースの組み立てがむずかしそうな馬だと思ったが、実際に、調教でも須貝厩舎のスタッフはかなり苦労していた。

共同通信杯は三、四番手を進み、逃げたディープブリランテを直線で捉え、突き放す、完璧な勝利だった。内田にとっては復帰後最初の重賞勝ちとなり、厩舎を開業して四年めの須貝もはじめて手にする重賞だった。

つづく皐月賞は四番人気だったが、最後方を進み、稍重の荒れた四コーナーで内をついて抜けだしてきた。二着のワールドエースに二馬身半の差をつけ、一頭だけ別のレースをしていたようなあのレースは、内田にとって「自分のベストレースのひとつ」だと言う。

「四コーナーで先頭に立つくらいでないと、外にもちだせないから、コースロスを考えたときには、体が反応して内にはいっていました。一瞬です。〇・一秒遅れてもだめだったと思います」

しかしダービーは五着。中団のうしろを進み、皐月賞とは対照的に外をまわって追い込んできたが、先行して抜けだしたディープブリランテに一馬身余及ばなかった。

秋は神戸新聞杯を勝ち、一番人気で臨んだ菊花賞で人々を驚かせる走りをみせる。一周めのスタンド前を後方の二番手で進み、二周めの向こう正面から動きだしたゴールドシップは、三コーナーの坂のくだりで先行馬に並び、四コーナーをまわって先頭に立つと、そのまま押しきってしまう。常識破りのレースだったが、内田はゴールドシップの能力とスタミナを信じていたからできた、と言う。

「ほかの馬ではとてもできない。いま考えると、よくあんなところから行けたなと思います。負けたら相当叩かれたと思うけど、負けることを考えていたらできない」

それからは、レース序盤は中団から後方を進み、持続するスピードとスタミナにものを言わせたロングスパートで前を抜き去っていくのがゴールドシップの勝ちパターンのひとつとなる。有馬記念でも向こう正面まで最後方だったが、三コーナーから外をまわってスパートすると、直線では飛ぶようにして追い込んできた。ゴールでは内田が早めにガッツポーズをするほどの楽勝だった。

二〇一三年、四歳。阪神大賞典を完勝して臨んだ天皇賞では単勝一・三倍という人気を集めながら、あっけなく五着に負けた。追い込みもいつものような勢いがなく、直線でも前が狭くなって進路を外に変えるなど、煮えきらないレースだった。

ところが宝塚記念ではレース内容も一変する。逃げ馬のシルポートが飛ばして逃げるなか、一番人気のジェンティルドンナをぴったりとマークしながら四番手を進み、最後の直線で標的を競り落とすと、そのまま突きぬけた。二番手から粘りこんだダノンバラードに三馬身半差。馬の力を信じて先行勝負にでた内田の心意気が伝わってくる勝利だった。気分良く追い込んできたときのゴールドシップの強さは格別だった。

しかし、父ステイゴールド譲りの気の悪さというか、「気まぐれ」ぶりが次第に露わになっていく。

「あくまでも主導権は乗っている人間にあることを教えたうえで、その日の馬の気分やリズムを重視して乗っていた」

と言う内田もあきれるほど、簡単に負けた。

京都大賞典は四、五番手を進んだが直線で伸びそうで伸びずに五着。そしてジャパンカップは最後方から追い込もうとしたが、直線ではまったく伸びず、十五着と大敗する。これを最後に内田はゴールドシップから降ろされ、イギリスの名手ライアン・ムーアに乗り替わった有馬記念は中団から追い込んだが独走するオルフェーヴルに十馬身近く離された三着に終わった。

二〇一四年、五歳。岩田康誠が乗った阪神大賞典は二番手から抜けだして楽勝したが、オーストラリアのクレイグ・ウィリアムズに替わった天皇賞・春は出遅れて最後方からのレースになり、さしたる見せ場もなく七着と凡走する。だが、あらたに横山典弘に乗り替わった宝塚記念では四番手を進み、直線で力強く抜けだしてくる。これでGI五勝となった。このあと札幌記念二着をステップにフランスの凱旋門賞に挑んだが、十四着と惨敗。岩田が乗った有馬記念は中団のうしろからよく追い込んできたがジェンティルドンナに一馬身弱およばず三着だった。

二〇一五年、六歳。単勝一・三倍に支持されたアメリカジョッキークラブカップでは中団のまま七着と凡走すれば、つづく阪神大賞典では中団から力任せに抜けでて三連覇を達成する。さらに横山に戻った天皇賞・春は後方からのレースとなり、二周めの向こう正面で追いあげを開始してスタンドを沸かせた。しかし、さすがに菊花賞に勝ったころの勢いはなく、なかなか先頭に立てない。それでもゴール前で粘るカレンミロティックを捉えると、フェイムゲームの追い込みを首差しのいでみせた。天皇賞は三度めの挑戦での勝利だった。

天皇賞ではおとなの枯れた強さを見せたゴールドシップだが、二年連続ファン投票で一位となり、三連覇を期待された宝塚記念はゲート内で立ちあがって大きく出遅れてジ・エンド。ブービーの十五着だった。さらに秋のジャパンカップも後方から追いあげ、直線に向いたときには追い込んでくるようにも見えたが、それも一瞬だった。十着。二戦連続の二桁着順である。若いころの勢いは影を潜めてしまった。

引退レースの有馬記念を残し、ここまで二十七戦十三勝。六つのＧⅠに勝つ一方で、フランスの凱旋門賞を含め、馬券の対象にならない敗戦は九回を数える。個性とはいえ、負けっぷりはみごとである。内田はおなじように苦労しながら乗っていた岩田や横山の気持ちを代弁するように、「もう、冗談じゃないですよ」と言った。顔は笑っている。

「この馬はだめなときはだめ。だから、ファンの方には『ごめんなさい、つぎは頑張るから』としか言えない」

きまじめな内田が「冗談じゃない」と言うほどの負け方をするからゴールドシップは人気がある、というのは皮肉な逆説である。最後の有馬記念も、宝塚記念につづき、二年連続でファン投票一位になっていた。

内田のインタビュー記事の最後を、わたしは、自分の思いも含め、こう結んだ。

〈12月27日。中山競馬場で、場外馬券売り場で、テレビの前で、日本中のファンが気まぐれな芦毛のラストランを見守る。ささやかに馬券を買い、語りかける。きょうは気分よく走ってくれよな、と。〉

そしてゴールドシップはみごとに負けた。一番人気で八着だった。スタートダッシュがつかず、最後方を進んでいた白毛のように純白な馬が、二周めの向こう正面で加速をつけてぐんぐん上がっていくと大歓声がわきおこった。あのときの映像を見ながら、思った。ゴールドシップは最後のレースはまじめに走っていた。自分なりに気分良く走って、最後まで頑張って走り抜いた。

第4章

「最優秀短距離馬」という勲章

17

メイズイ 二冠馬は「最良のスプリンター」

　ＪＲＡ賞の前身である「代表馬」は、予想紙『競週ニュース』を発刊していた啓衆社の白井新平によって一九五四年にはじめられた。この年発足した日本中央競馬会の職員や新聞記者らを選考委員として各部門の優秀馬を決め、週刊誌『競馬週報』誌上で発表したのだ。啓衆社の「代表馬」は十七年間つづいたが、一九七二年に「インター」「キョウエイ」の冠名で知られる馬主、松岡正雄に啓衆社が売却されると（予想紙は『ケイシュウＮｅｗｓ』と改称）、「代表馬」の選考は啓衆社出身の宇佐美恒雄が編集長をしていた『優駿』に継承される。そして、日本中央競馬会が略称をＮＣＫからＪＲＡに改めた一九八七年からＪＲＡ賞として表彰されるようになった。

　というわけで、この章では部門賞のひとつ「最優秀短距離馬（スプリンター）」に選出された馬について書いていく。啓衆社時代は「最良のスプリンター」という名称のタイトルだったが、『優駿』が引き継いでから短距離馬の選定はなくなった。復活したのは一九八一年（「スプリンター賞」）で、サクラシンゲキが選ばれた。八二年から「最優秀スプリンター」というタイトルになり（この年は該当馬なし）、翌年から三年連続ニホンピロウイナーが受賞している。

啓衆社が選定していた当時、二歳、三歳の限定戦を除けば、短距離の重賞は安田記念など千六百メートルのレースが関東に二、三あるだけだった。スプリンターズステークスが創設されるのは一九六七年で、関西のＣＢＣ賞が千八百から千四百メートルに短縮されたのが一九七一年である。

そういう時代の「最良のスプリンター」には菊花賞馬のラプソデー（一九五七年）やハククラマ（一九五九年）もいる。ラプソデーは千八百メートル以下のオープンで三勝し、ハククラマは菊花賞をレコードタイムで勝っている。比較的距離の短い千八百メートルでの成績や、レコードタイムで走るようなスピードが選考基準になっていたようだ。スプリンターは短距離馬ではなく快速馬というイメージだったのだろう。

本稿の主人公メイズイはうつくしい栗毛と快速で知られた一九六〇年代を代表する名馬である。圧倒的なスピードで皐月賞とダービーを逃げきり、一九六三年の年度代表馬（天皇賞・秋、有馬記念に勝ったリュウフォーレルと同時受賞）に選ばれ、同時に三歳牡馬とスプリンターの三部門で代表馬に選出されている。「スプリンター」は金杯を逃げきったカネツセーキに一票差の受賞だった。

メイズイを生産したのは群馬県利根郡片品村の千明《ちぎら》牧場である。群馬県の北東の端に位置する片品村は尾瀬国立公園のある村といえばわかりやすいだろうか。

千明牧場の歴史については岩川隆の「シービーよ、永遠なれ」(『広く天下の優駿を求む』所収)にくわしい。ちょうどわたしが『優駿』の編集部にはいったときに連載していた千明牧場の三代記(原題「孤高の貴駿よ永遠なれ」)である。千明牧場についてはこれを参考にして書いていく。

ふるくから片品村の大地主だった千明家がサラブレッドの生産をはじめたのは昭和二(一九二七)年のことで、二年後にはオーストラリアから四頭の繁殖牝馬を輸入している。周囲に馬の牧場はなく、種付けをするには千葉まで行かないといけないような辺地で牧場をはじめたのは千明賢治という。

片品村で林業や鱒の養殖業を営みながら、上毛電力や上毛電気鉄道の取締役でもあった賢治は、幼いころから馬が好きで、馬術もたしなんだ。馬の生産は道楽でしかなかったが、馬には並々ならぬ情熱を傾けている。牧場には一周千六百メートルの調教コースを造り、東京競馬場の近くに千明厩舎を構え、調教師兼騎手として中村広を雇っていた。そうして牧場をひらいて十一年めには第七回ダービーをスゲヌマで制している。スゲヌマは翌年の春に天皇賞(当時は帝室御賞典)にも勝った。

太平洋戦争がはじまったころ、賢治は病に伏し、長男の千明康《やすし》があとを継いだ。東京帝国大学法学部を卒業した康は農林省勤務を経て満州鉄道で林業の仕事をしていたが、学生時代から馬術をし、父の馬を応援に競馬場にもかよっていた馬好きである。

戦争がはげしくなり、競馬が中止となると、千明牧場も馬を売り、放牧地は畑になった。おなじころ賢治も亡くなった。それでも馬をつづけたいという思いを断ち切れない康は、戦後八年が過ぎたころに牧場を再開する。

一九五四年、軽種馬生産農業協同組合（のちの日本軽種馬協会）がヨーロッパから買ってきた繁殖牝馬十九頭が横浜検疫所で展示され、生産者や馬主に抽籤《ちゅうせん》で販売することになった。千明康もこれに申し込み、当たったのがチルウインド（父ウインダーム）である。価格は百六十万円。十九頭で一番安かった。前脚が内向していて（膝から下が内側に曲がっている）、康もあの馬が当たらなければいいなと思っていたというから、競馬はわからない。この牝馬がメイズイを産み、シービークインの曾祖母となり、やがてミスターシービーが誕生するのである。

本格的に牧場を再開した千明康は場長に高橋勝四郎を迎え入れた。明治末から昭和にかけて小岩井農場の飼養管理技手だった高橋は、「小岩井の高橋か、高橋の小岩井か」とまで評された人物である。高橋は七十歳になろうとしていたが、牧場の基礎となる土づくり、草づくりからはじめ、場長だった十一年の間にメイズイのほかにコレヒサ（天皇賞・春）、コレヒデ（天皇賞・秋、有馬記念）の兄弟を送りだす。それも繁殖牝馬が四、五頭しかいない群馬の山奥の牧場で成し遂げたのだから、まさしく〝伝説の馬産家〟である。

一九六〇年。千明牧場では四頭の繁殖牝馬のうち三頭に仔がなく、三月十三日にうまれたチルウインドの牡馬がたった一頭の生産馬だった。父は千葉の下総種馬場にいたゲイタイムで、前の年に皐月賞二着、ダービー三着になった兄メイタイとおなじである。康は仔馬の幼名を「明瑞」とした。

千明牧場の馬は尾形藤吉、松山吉三郎、中村広が順番に馬を見て厩舎に入れる馬を決めていくのだが、真っ先にやってきた尾形（メイタイも管理していた）は弟をひと目見て言った。

「これまで東北、北海道の当歳馬を見てまわってきたが、こんなにすばらしい小僧はいなかった。おそらく、チルウインドの傑作になると思う」

「明瑞」はそのままメイズイとなり、東京競馬場の尾形厩舎にはいった。

メイズイはじっくりと仕上げられ、三歳になった一月三日にデビューする。騎手は尾形厩舎のエース、保田《やすだ》隆芳。期待どおりに、中山の千二百メートルで二着に十馬身の差をつけて逃げきった。そのあと千四百と千六百メートルのオープンを三、四馬身差で連勝する。千四百メートルはレコードだった。

とんでもなく速く、強い馬が現れたと評判になったが、ここで尾形には悩ましい問題が発生する。尾形厩舎にはもう一頭、グレートヨルカというダービー候補がいて、二頭が三月の東京記念（第四回のこの年で廃止になった三歳重賞）にエントリーするのだ。

グレートヨルカは青森の名門、盛田牧場の生産馬で、父はダービー馬ヒカルメイジ、母のクキーンスジエストはイギリスからの輸入馬で、その父は偉大な種牡馬ネアルコという大変な良血馬である。二歳の夏に札幌でデビューし、オープン二着、北海道三歳ステークス（当時はオープン特別）三着のあと、五連勝していた。そのなかには朝日杯三歳ステークス（朝日杯フューチュリティステークス）のレコード勝ちもある。だれもが認める関東ナンバーワンだった。

問題は騎手である。二頭とも保田隆芳が乗っていたが、尾形はグレートヨルカに保田を乗せ、メイズイは森安重勝に替えた。森安はデビュー八年めの二十六歳。三年前には四十一勝で全国リーディングの五位にはいり、前の年も自己最多の四十三勝（七位）をあげていた。千明牧場のコレヒサの主戦でもあり、この年は春の天皇賞にも勝つことになる、尾形厩舎の次期エース候補である。

このとき、グレートヨルカの馬主が保田を乗せるように馬房の前で座り込んだというような話もある。厩舎のスポンサーである馬主にそこまでされては、尾形も保田を乗せざるを得なかったのだろう。

そしてここから尾形厩舎の二頭は〝ＭＧ〟と呼ばれ、ダービーまで四戦連続で戦い、一、二着を分けあうことになる。

ＭＧ対決の第一戦。東京記念はグレートヨルカが一番人気となった。メイズイはスターティングゲートに鼻面をぶつけて出遅れ、一馬身四分の一差で二着に負けた。しかし、つづくスプリングステークスではメイズイが四馬身の差をつけて逃げきっている。

三戦めの皐月賞は厩務員組合のストによって五月十二日に延期され、東京競馬場でおこなわれた。ここでも一番人気はグレートヨルカに譲ったが、MGの一騎打ちムードで、単勝の売上げ七割余を二頭が占めていた。

メイズイはスタートから気合いを入れて先頭に立った。自分のペースで飛ばして逃げてしまえば、もうほかの馬はついていけない。そのままグレートヨルカに二馬身の差をつけて逃げきった。三着のクニイサミはグレートヨルカから五馬身遅れ、三番人気だった関西の二歳チャンピオン、コウタローは最下位の十二着に沈んだ。

優勝タイムは二分二秒六。トキノミノルの皐月賞レコード（二分三秒〇＝中山）よりも速く、翌年、シンザンがおなじ東京（良馬場）で皐月賞に勝っているが、メイズイよりも一秒五も遅い。驚異的な走破タイムだった。

一九六三年五月二十六日。日本ダービー。

四度めのMG対決は社会的にも大きな話題となっていた。この年から中央競馬の連勝式馬券はそれまでの「六枠連勝単式」から「八枠連勝複式」になっていた。これによってマスコミやファンの興味は、MGのどっちが勝つかよりも、二頭の連複の配当に向いていく。たとえ二枠（四番）のメイズイが二着に負けたとしても、勝つのは間違いなく六枠（十五番）のグレートヨルカだ。どっちが勝っても連複は二―六で決まるならば、気になるのはそのオッズである。新聞や週刊誌は「銀行ダービー」と書きたてた。「銀行に金を預けるよりもダービーのMGに賭けたほうが確実に儲かる」ということで、これが「銀行馬券（堅い馬券）」の語源となる。

結果も「銀行ダービー」だった。メイズイが勝って、二―六の配当は七割の利息がついて百七十円。これはいまも残るダービーの連複最低配当である。

しかし、メイズイの走りは人々の想像をはるかに超えたものだった。いつものようにスタートから先頭に立つと、そのまま逃げきった。直線は完全な独走となり、しっかりと二着を確保したグレートヨルカに七馬身もの差をつけていた。驚きはそれだけでなかった。優勝タイムの二分二十八秒七はそれまでの記録を一秒五も更新するダービーレコードで、一年前にトウコンが東京杯でつくった日本レコードに並ぶものだった。

ＭＧ対決に決着をつけ、メイズイは時代のスターとなった。うつくしい栗毛と颯爽とした逃げに「貴公子」と呼ぶ人もいた。

秋。セントライト以来の三冠馬がかかったメイズイは、中山と京都で千八百メートルのオープンを楽勝して菊花賞に臨んだ。ライバルのグレートヨルカは三番人気だったが、セントライト記念をレコード勝ちしていた。二番人気のコウライオーは京阪杯で古馬最強のリュウフォーレルを破ったあと神戸杯（神戸新聞杯）、京都杯（京都新聞杯）と連勝していた。それでもメイズイは八十三・二パーセントという空前絶後の単勝支持率を得ている。京都競馬場には三冠達成を祝うくす玉も用意されていた。

ところがメイズイはスタートから強引に先頭に立つと、後続を大きく引き離して逃げ、グレートヨルカの六着と大敗する。だれもが想像すらしなかった惨敗に、騎手の森安に批判が集中した。残されている映像を見ても、オーバーペースとしか思えない。

後年、森安と親交があった山口瞳がメイズイは暴走だったのではないかときくと、森安はこんなふうに答えたという。山口の随筆「待てば海路」(『世相講談　続』所収)から引用する。

〈メイズイはひどく調子を落していたんです。それで、発馬のときにパイプにひっかかって出遅れたんです。パッと放した私がわるかったんですが、遅れをとりもどそうと思って叩いたら、ああいう馬でしょう。どんどんいっちまう。しかし、記録を見てください。半マイル四十七(筆者注・秒)で、向う正面では十三半(筆者注・二百メートルのラップが十三秒半)に落したんです。他の馬がスローペースだから暴走に見えたんでしょうが、あの馬はあれでいいんです。私もこれで勝てると思っていたんだけれど、やっぱり不調だったんだな〉

菊花賞のあとメイズイの騎手は保田隆芳になった。その後は、クモハタ記念を勝って、一番人気の有馬記念(二千六百メートル)は二着に負けた。五歳の一月のオープンまで十戦六勝、負けたレースはすべて二千六百メートル以上だった。

メイズイの生涯成績を見ると二千四百メートル以下では十六戦十五勝、二着一回とパーフェクトの成績を残している。しかし、二千六百メートル以上は六戦して二着二回(有馬記念、天皇賞・春)、三着一回(有馬記念)。圧倒的な能力があったからダービーに勝ち、長距離の大レースでも二着三着に踏ん張っているが、その本質はまさしく「最良のスプリンター」だった。

18

ニッポーテイオー
「マイルの帝王」の可能性

一九八四年の「距離体系の整備」と「グレード制の導入」は日本人の競馬観を大きく変えた。このとき短距離路線というあらたな道を開拓したのがニホンピロウイナーであり、三歳年下のニッポーテイオーである。二頭ともクラシックの有力候補に数えられながら、皐月賞で敗れるとダービーを断念、短距離戦線に矛先を向けている。

ニッポーテイオーは千四百、千六百メートルでは十戦六勝、二着四回という完璧な成績を残し、一九八六、八七年と二年連続で最優秀スプリンターに選ばれている。ただ、色分けすれば、ニホンピロウイナーがスプリンター色の強いマイラーだったのにたいし、ニッポーテイオーは天皇賞・秋に勝ち、宝塚記念でも二年連続で二着になるなど中距離ランナーとしても超一流だった。だから、「短距離路線を開拓した」と書いているわたしも——おそらく当時の多くのファンがそうだったと思うが——天皇賞に勝ったあとにはジャパンカップにでてほしいと願っていた。

主戦騎手だった郷原洋行もおなじ思いがあった。郷原に話をきいたのはニッポーテイオーが引退してから九年後のことだった。話のなかで郷原は乗り方やレースの選択について調教師の久保田金造とぶつかりあったことを楽しそうにふりかえりながら、いくらか残念そうに言った。

「自分としてはジャパンカップや有馬記念にだしたかった。とくに天皇賞に勝った年は馬の状態も良かったし、ジャパンカップでもじゅうぶんに勝負になったと思う。ただのマイラーでなかったし、素直で、折り合いのついた馬だったから」


ニッポーテイオーは一九八三年四月二十一日に北海道静内町の千代田牧場でうまれた。父はリイフォー。ダンシングブレーヴなどの父として知られる名種牡馬リファールの産駒で、フランスのGⅢに勝っただけだが、アイルランドで一年種付けしたあと日本に輸入された。ところが、アイルランドでうまれたロイヤルヒロイン（ブリーダーズカップ・マイル）やトロメオ（アーリントン・ミリオン）らが大活躍し、日本では四年間種付けしただけで、アメリカに買われていった（残念ながら、アメリカで種牡馬になって二年で死んでしまう）。

母のチヨダマサコは千代田牧場代表の飯田正の所有馬として走り、五戦一勝という成績を残している。チヨダマサコという名前は飯田の妻、政子からとった。元々、千代田牧場は造り酒屋をしていた政子の父、飯田武が千葉県山武《さんぶ》郡芝山町の土地を買い、趣味としてはじめた牧場で、下総御料牧場で獣医師をしていた飯田正（旧姓小林）が婿入りする形で牧場のあとを継いでいる。現在の千代田牧場（代表・飯田正剛《まさたけ》）は静内を拠点とした日高有数の大牧場となっているが、その基礎を築いたのが飯田正だった。

チヨダマサコの母系はワールドハヤブサ（静内・出羽牧場産、二十戦四勝）という牝馬にさかのぼる。ワールドハヤブサは一九六二年のオークス馬オーハヤブサの娘で、明治四十（一九〇七）年に小岩井農場（岩手県）がイギリスから輸入したビユーチフルドリーマーを祖とする名門母系の出である。

当時の日高の生産者にとって垂涎《すいぜん》の的だった名牝系の繁殖牝馬を千代田牧場が手にできたのにはわけがあった。ワールドハヤブサは骨折と大病で繁殖牝馬として見限られた馬だったのだ。そんな馬をけっして安くない価格で買い取り、甦生させたのが飯田正である。獣医師だったこともあるが、おだやかでやさしい人だった飯田の辛抱強い治療によって健康になったワールドハヤブサは、ニッポーテイオーの祖母ミスオーハヤブサをはじめビクトリアクラウン（エリザベス女王杯）など千代田牧場の繁栄の源となる牝馬を産んでいく。

ところが、ミスオーハヤブサにも問題があった。未熟児でうまれ、生命さえ危ぶまれたほどの彼女は競走馬にはなれなかったのだ。このときも飯田の献身的な介護によって生きのび、繁殖牝馬となって一年めに産んだのがチヨダマサコである。ニッポーテイオーはチヨダマサコの二頭めの産駒で、ひとつ下の妹がエリザベス女王杯に勝ったタレンティドガールである。付記すれば、タレンティドガールは二〇一二年にヴィクトリアマイルに勝ったホエールキャプチャの曾祖母である。現在の場主、正剛は父の仕事をふりかえって言う。

「父が高価な苗木を買ってきて、きちんと手入れをして、幹を太くしてきたのがワールドハヤブサ系なんです」

ニッポーテイオーは札幌で建設会社（日邦建設工業）を営む山石祐一の所有馬となった。じつは、ニッポーテイオーがマイラー路線を歩むようになったことには、山石の意向も強く反映していた。山石に話をきいたのはニッポーテイオーが四歳の秋を迎えたときだった。時間の許すかぎり牧場をまわり、最終的には自分の目で選んだ馬を買っているという山石は、ニッポーテイオーも「牧場でひと目見て気に入った」と言う。

「日本刀の切れ味といいますか、一瞬の、切れる末脚で勝負する馬が好きです。こういう馬のレースは見ていても興奮しますしね。そのせいでしょうか、わたしの馬は、マイラーというか、スピードタイプの馬が多いんです」

それまでも山石はニッポーキングやニッポースワローなどのスピード馬を所有していた。名牝イットーの弟ニッポーキングは、セントライト記念に勝って菊花賞では四番人気になったほどの馬だった。しかし、菊花賞で十三着に敗れてからは二千メートル以下のレースを中心に走って、五歳のときには千二百メートル（六馬身差）と千四百メートル（七馬身差）をレコードタイムで走り、安田記念も六馬身差で独走した。ニッポースワローは距離体系が整備された年に三歳で、皐月賞五着のあとダービーに向かわず、ニュージーランドトロフィーに勝っている。あの時代にはめずらしい、マイラー志向のオーナーだった。

ニッポーテイオーは二歳になると美浦トレーニングセンターの久保田金造厩舎に預けられた。大正五（一九一六）年うまれの久保田はこのとき七十歳。七十五歳で引退するまでに通算千百九十七勝（日本競馬会、国営時代を含む）をあげ、ダービー二勝、天皇賞四勝など輝かしい成績を残した、昭和を代表する調教師のひとりである。しかし、三千二百メートルの天皇賞に勝つことが最高の栄誉だった時代の競馬人でありながら、久保田は馬の距離適性には柔軟な考えをもっていた。山石のニッポーキング、スワローも久保田厩舎の所属である。

ニッポーテイオーのデビュー戦は二歳の十月、東京の千六百メートル。春まで久保田厩舎に所属していた蛯名信広が乗り、二着に大差をつけて勝った。クラシックを意識させる勝ち方だったが、スピードにまかせて突っ走ってしまった二戦めは七着と大敗する。三歳になって格上の京成杯に挑戦して二着になると、弥生賞でも三着と踏ん張り、皐月賞に出走したが十二番人気で八着に終わった。

郷原洋行が乗ったのはＮＨＫ杯からだった。郷原と久保田は厩舎が中山競馬場にあった時代からのつきあいになる。郷原の師匠である大久保房松厩舎が久保田厩舎のうしろにあったことで、久保田は郷原を息子のようにかわいがってくれていた。ニッポーキングも郷原が主戦を務めている。

ニッポーテイオーにはじめて跨がったときの郷原の印象は山石の好きな「日本刀の切れ味」とは違って、「気のいい逃げ馬」だった。気性が悪いとか激しいとかではなく、馬が正直すぎて前へ前へと行ってしまうのである。ＮＨＫ杯は逃げて八着に負けると、ダービーはきっぱりとあきらめる。

郷原は自ら調教に乗り、歩くことから教え、レースを覚えさせていった。精神的に幼かった馬は次第におとなになり、ラジオたんぱ賞二着のあと函館記念では古馬を相手にレコード勝ちするまでになった。つづく毎日王冠ではサクラユタカオーの二着に踏ん張る。ミホシンザンやウインザーノットという古馬の強豪に先着するまでに成長していた。

しかし、陣営は天皇賞には向かわず、スワンステークスからマイルチャンピオンシップという路線を選択する。スワンステークスは一番人気に応えての楽勝で、マイルチャンピオンシップでは二枠三番に単枠指定された。逃げ先行馬には絶好の枠にはいったことで、久保田は「逃げろ」と指示したが、郷原は「差しても勝てる」と言って譲らない。ふたりは親子喧嘩のように意地を張り合い、最終的には郷原が折れるかたちでレースに臨むのだが、ゲートが開くとすぐに中団まで下げている。郷原によれば「わざと下げた」のだという。ここまで調教師に逆らえる騎手はなかなかいない。

だが、中団に控えたニッポーテイオーは直線では馬が密集するインコースをついて追い込んできたが、外をまわってスムーズなレースをしたタカラスチールに鼻差届かなかった。レース後、怒りがおさまらない久保田はひとことも口をきかなかったという。それでも騎手を替えたりしないのが昭和の名調教師であり、むかしのオーナーである。しかし、この二着が一年後のニッポーテイオーのローテーションに影響してくる。

一九八七年。四歳になったニッポーテイオーは初戦の京王杯スプリングカップは中団から楽に抜けだして勝ったが、そのあとは惜敗がつづいた。重馬場となった安田記念は三コーナーの手前で先頭に立ち、そのまま逃げきるかと思ったゴール寸前で、大外から追い込んできたフレッシュボイスに負けてしまう。つづく宝塚記念も三、四番手を進み、直線で満を持して先頭に立ったが、ニッポーテイオーをマークするように追い込んできたスズパレードに敗れた。さらに秋の毎日王冠も三番手から余裕たっぷりに先頭に立ちながら、ゴール前で息切れしてダイナアクトレスの三着に負けている。

抜群のスピードと安定性がありながら、最後の詰めの甘さがファンをやきもきさせた。その鬱憤を晴らしたのが天皇賞だった。

この年の天皇賞は天皇賞施行五十周年を記念して皇太子（現上皇）夫妻が来場していた。レースの前、郷原は騎手会会長として皇太子夫妻を出迎え、「いいレースをご覧にいれます。どうぞ、楽しんでいってください」とあいさつしている。

拙著『昭和の名騎手』にも書いたが、鹿児島から騎手をめざして上京したのが偶然にも皇太子の成婚の日だった郷原は、いつも以上に気合いがはいっていた。スタートすると、逃げ馬のレジェンドテイオーを制して先頭に立ったニッポーテイオーは、これまでのように、ゆっくりと相手を待つこともない。スピードと力を見せつけるように、二着のレジェンドテイオーに五馬身差をつけて独走するのである。

郷原がジャパンカップに行きたいと久保田に直訴したのはこのあとである。いまのニッポーテイオーならば二千四百メートルも問題ないし、実力的にも日本最強の一頭である。しか

し、久保田は、

「テイオーはマイラーだ。予定どおりにマイルチャンピオンに行く。負けたＧⅠはぜんぶ勝つんだ」

と、聞く耳をもたない。ここで郷原は前年の二着を悔やむことになる。鼻でも首でも勝っていれば……、久保田の言うとおりに逃げて、逃げきっていたら……、ニッポーテイオーでジャパンカップに出走できたかもしれない――。

競馬雑誌『サラブレ』の取材で郷原にインタビューしたときは調教師になって四年が経っていたが、もし自分がニッポーテイオーの調教師だったらどういうローテーションをとったかたずねると、郷原は笑いながら「おなじだと思うよ」と言った。

「自分も、前の年に負けたレースには絶対に勝ちたいからね」

負けず嫌いでは人後に落ちない。

だから、マイルチャンピオンシップは最初から負ける気はしなかった。レース前、郷原は調教助手に「つかまっているだけで勝てるから、お前が乗ってこいよ」と冗談を言い、こう言い放っている。

「いいか、見てろ。直線ではうしろの馬の影が見えるまで、おれは絶対に追わないからな」

メインレースのころには馬の影が長く伸びて見えるのが秋の京都競馬の風物詩でもあるが、レースは影も見えないほどの大楽勝だった。郷原の手綱が動くこともなく、二着のセントシーザーに五馬身の差をつけていた。

一九八八年。五歳になったニッポーテイオーは充実の一途をたどっていた。春シーズンの目標は、言うまでもなく「前の年に負けているＧⅠ」、安田記念と宝塚記念である。

この年の初戦となった京王杯スプリングカップは直線で先頭にたったが、外から追い込んできたダイナアクトレスに馬体を合わせに行き、ゴールまで激しく競り合い、頭差で敗れた。ダイナアクトレスの岡部幸雄が、いかにも岡部らしく「This is the KEIBA」と表現したこの名勝負も、負けた郷原に言わせると「レースをおもしろくするために、大外にもちだしただけ」ということになる。どこまでも負けず嫌いな人である。

安田記念はスタートから先頭にたって逃げ、ダイナアクトレスに一馬身の差をつけて逃げきった。これは「レースをおもしろくする」気などさらさらない、強い馬が強いレースをした、完璧な勝利だった。

マイルの帝王――。

ニッポーテイオーの強さに、だれもがそう呼んだ。

そしてもうひとつの「負けているＧⅠ」宝塚記念。相手はただ一頭、タマモクロス。一歳下だが、三歳の秋から天皇賞・春を含めて六連勝の中長距離の王者である。この年、タマモクロスは七戦し、二度だけ二番人気に落ちている。そのひとつがこの宝塚記念で、もうひとつがオグリキャップとの〝芦毛対決〟に沸いた秋の天皇賞である。それだけでもニッポーテイオーという馬の価値がよくわかる。

しかし、結果は二馬身半差をつけられての二着。完敗だった。じつはこのときニッポーテイオーは脚元に軽い不安を訴えるようになっていて、結局、このあと左前脚に骨膜炎を発症して引退が決まった。

昭和最後の秋――。天皇賞はタマモクロスとオグリキャップの対決に沸き、マイルチャンピオンシップではサッカーボーイが躍動したあの秋。ここにニッポーテイオーがいたら……と、どうしても想像してしまう。

19

サクラバクシンオー
その名も驀進王

小島太にサクラバクシンオーの話をきいたのはキタサンブラックが最後のシーズンを迎えたころだった。キタサンブラックの母シュガーハートがサクラバクシンオーの娘ということで、小島はキタサンブラックはデビュー戦から注目していた、と言った。

「デビュー戦のときに一生懸命見たよ。薄い馬でね。バクシンオーもそうだったが、横から見た感じが似ている。この馬ちょっと違うぞ、走るぞと思ったね。だから、そのあとの活躍がうれしいですよ」

小島の話にわたしも頷く。馬の大きさもタイプも違うが、横から見たキタサンブラックのシルエットがサクラバクシンオーに似ていると思っていたからだ。しかも二頭とも奥手で、四歳五歳と年々強さを増していった。

小島はサクライワイ、サクラゴッドでＧⅠになる前のスプリンターズステークスに三勝している。連覇したサクライワイは典型的なスプリンターだったが、バクシンオーはまったくタイプが違った。スプリンターは一般に筋肉が隆々として堅く、四肢の回転数で走るピッチ走法だが、バクシンオーには柔軟な筋肉があり、大きなフットワークで流れるように走る。父のサクラユタカオーは天皇賞・秋をレコード勝ちした名中距離馬だった。バクシンオーのおとなしく素直な性格は父によく似ていた。

わたしたちがサクラバクシンオーを語るときにイメージしているのは圧倒的なスプリント能力を見せつけられた五歳の秋だが、そのころの小島は千二百メートルでもマイル戦や二千メートルのレースをするような感覚で乗っていたという。逃げる展開になってもスピード任せに突っ走るようなことはさせずに、馬のペースを守って走らせ、最後にぽんと追いだせばいい——。そういう感じで乗っていた、と小島は言った。それだけ余裕をもって走りながら千四百と千二百メートルで当時の日本レコードをつくったのだ。

「あの時代に、恐ろしいほど速い時計で走っているんだけど、スピードで押しきった馬ではない。二千メートルぐらいの感じで、すーっと流れていくように走って、あの時計をだしたんだからな」

サクラバクシンオーは一九八九年四月十四日に、北海道早来町の社台ファーム・早来でうまれた。父のサクラユタカオー、母のサクラハゴロモはともに美浦トレーニングセンターの境勝太郎厩舎にいた馬だ。サクラハゴロモはノーザンテーストの娘で、アンバーシャダイ

（有馬記念、天皇賞・春）の妹という血統だが、芝の千二百メートルとダートの千四百メートルで二勝しただけだった。主戦騎手だった小島太によれば「千二百メートルがぎりぎり」ということになる。現在ではアンバーシャダイはステイヤーという言い方がよくされるが、わたしのイメージは器用な中距離馬だった。マイル戦も三戦三勝で負けていない。

馬主はさくらコマース。代表の全演植は東京・府中市を拠点にしてパチンコ店やスーパーマーケットなどを展開するさくらグループの創業者である。朝鮮出身の全は日本人に一番親しまれている花という理由で、社名に「さくら」と入れ、所有馬の冠名も「サクラ」にしたのだという。

全がまだ小規模馬主だったころに馬を預けていたのが小島太の師匠だった高木良三（東京競馬場）で、サクライワイも高木厩舎の馬である。全は小島を息子のようにかわいがり、小島はやわらかな物腰の全を慕って「親父」と呼んでいた。やがて全の所有馬が増えると、小島は「サクラ」の主戦騎手として、ダービー二勝を含めて数々のビッグタイトルを手にしている。

サクラバクシンオーは境勝太郎厩舎に預けられた。境は、高木良三が亡くなったあとに、小島の紹介で「サクラ」の馬を数多く預かるようになっていた。厩舎に来た当初、小島のサクラバクシンオー評は芳しくなかった。おとなしく、体質が弱く、見栄えもしなかった。乗ってみると「速さの片鱗」こそ感じさせたが、まさかスプリンターズステークスを連覇するほどの馬になるとは思っていない。

境厩舎は二歳の早い時期からデビューさせることで有名だったが、サクラバクシンオーのデビュー戦は三歳一月の中山開催までずれ込んでいる。体質が弱かったこともあるが、左前脚の球節（蹄の上にあり、人のくるぶしのように膨らんだ部分）に難があり、思うように調教が進められなかったのだ。デビュー戦は脚元に負担がかからないようにとダートの千二百メートルが選ばれた。

デビュー当日、馬の見た目は最悪だった。冬毛が生えた貧相な体は、小島のことばを借りれば「ドブネズミのような馬」だった。しかし、スタートから先頭に立つと、二着に五馬身の差をつけて楽に逃げきっている。

このとき、だれよりも喜んでいたのはオーナーの全演植だった。サクラショウリとチヨノオーで二度ダービーに勝ち、「おれはダービーしか興奮しない」と豪語していた全が、千二百メートルの新馬戦を勝っただけで興奮しているのである。小島はそんな全をはじめて見たという。その当時、「サクラ」の牡馬には「〇〇オー」という名前がついていたが、全は、「驀進王」という、あとになって思えばじつにぴったりの名前をつけた馬になにかとくべつなものを感じていたのだろう。

そのあと特別戦を二着（千六百メートル）、一着（千二百メートル）し、皐月賞トライアルのスプリングステークスに出走する。三番人気に支持され、千六百の特別でもぎりぎりまで我慢していたので小島も期待していたが、結果はミホノブルボンの十二着。惨敗だった。距離も長かったが、それよりも重馬場が空下手《からへた》だった。

これでクラシックに見切りをつけた陣営は短距離のレースを選んで走らせ、三歳の一年間で十一戦して五勝している。GⅢのクリスタルカップに勝ち、千四百メートル以下で負けたのはスプリンターズステークスの六着だけだった。体質面での弱さがありながら十一戦もできたことは収穫だったし、GⅠで先頭に立って逃げたスピードに小島は大きな可能性を感じていた。

一九九三年。四歳になり、スプリント路線での活躍が期待されたサクラバクシンオーだが、左前脚の骨膜炎によって長い休養を余儀なくされる。ただ、運がよかったのは、前年の十月に美浦トレセンに完成したウッドチップコースが使えるようになり、弱い脚元に負担をかけずに調教ができたことだった。

そしてなによりも、サクラバクシンオーが時代を代表する名スプリンターになり得たのは厩務員の吉村活彦のおかげだと小島は思っている。小島が敬意をこめて「むかし気質のホースマン」と言う吉村は、手のかかる馬を嫌がらず、寝ずに世話をしていた。ほかの厩務員の何倍も時間をかけて脚元のケアをしてくれた吉村がいなかったら、バクシンオーはGⅠに勝てないまま引退していたかもしれない。小島はそう思っている。

吉村の献身によって脚元もすっかりよくなり、体質も改善されたサクラバクシンオーは、四歳の秋に復帰すると、オープン特別を三戦（二勝）してスプリンターズステークスに出走する。

このとき小島はとくべつな思いでレースに臨んでいた。八日前の十二月十一日にオーナーの全演植が亡くなったのだ。新馬を勝ったときには見たことがないほどよろこんでいた馬でGⅠに勝てば、なによりの供養になる。安田記念と天皇賞・秋に勝ち、千六百、二千につづいて三つのカテゴリーでチャンピオンをめざすヤマニンゼファーに一番人気を譲ったが、小島は「絶対に勝たないといけない」という気持ちで馬に乗っていた。

サクラバクシンオーも人々の思いにこたえた。先行馬を見ながら三番手を進み、直線のなかほどで先頭に立つ。小島は無我夢中で手綱を押し、鞭をふるい、追いすがるヤマニンゼファーを突き放した。着差は二馬身半。完璧な勝利だった。

「この一週間、寝ても覚めても〝親父〟のことばかり考えていた」

小島は勝利騎手インタビューでは目を潤ませ、ことばを噛みしめるように言った。

「ぼくの騎手人生で最高のレースができました」

五歳になると、サクラバクシンオーはいよいよ本格化してきた。春はダービー卿チャレンジトロフィー（当時は千二百メートル）を二馬身差で勝ち、安田記念に挑んでいる。国際レースとなって二年めの安田記念は外国馬が人気の中心になっていた。前哨戦の京王杯スプリングカップではフランスとイギリスの馬が四着までを独占していた。サクラバクシンオー（三番人気）は重賞三連勝中の牝馬ノースフライト（五番人気）とともに日本の代表格として期待されたが、四着。二番手から余裕たっぷりに先頭に立ちながら最後の二百メートルでスタミナがきれた。優勝したノースフライトに三馬身半ほど離され、外国勢の最高着順だった三着ドルフィンストリート（イギリス）に鼻差およばなかった。

春は二戦で終え、秋は毎日王冠からスタートした。十二着に負けたスプリングステークス以来の千八百メートルで、サクラバクシンオーは自ら標的になって逃げた。小島太らしいレースである。前半の千メートルを五十七秒五で飛ばし、直線のなかほどまで頑張ったが、一分四十四秒六の日本レコードで勝ったネーハイシーザーから〇・四秒遅れた四着が精一杯だった。

つづくスワンステークスは自分のカテゴリーである。安田記念、毎日王冠の戦いぶりを見れば、負けるわけにはいかない。逃げるエイシンワシントンの二番手をゆっくりと進み、直線で抜けだした。追い込んできたノースフライトに一馬身四分の一の差をつけ、優勝タイムは一分十九秒九。日本競馬史上はじめて、千四百メートルで一分二十秒の壁を破る大記録だった。小島によれば、サクラバクシンオーのベスト距離は千四百メートルだった。

次のマイルチャンピオンシップはノースフライトに巻き返され、二着。ここは納得の敗戦である。

一九九四年十二月十八日。スプリンターズステークス。わたしたちがもっとも印象深く語る、あのレースを迎える。サクラバクシンオーは翌年から種牡馬になることが決まっていて、ここが引退レースになるが、小島太も自信に満ちていた。負ける気はまったくしなかった。

この年からスプリンターズステークスも国際レースとなっていて、三頭の外国馬が参戦してきた。なかでも注目はアメリカのソビエトプロブレムだった。ここまで十八戦十四勝。芝も四戦四勝で、ブリーダーズカップ・スプリント（ダート）で頭差の二着になった世界トップクラスのスプリンターだ。騎手も名手クリス・マッキャロンである。

それでもサクラバクシンオーは単勝一・六倍の一番人気に支持されていた。ジャパンカップでも日本馬が三連勝していて、日本で戦えば外国の強豪にも勝てるということで、〃地の利〃という表現を競馬マスコミがさかんに使っていた時代である。それだけ日本馬が強くなっていた。

レースは小島の考えていたとおりに進んでいた。いいスタートをきったが、無理に前に行かせることなく、馬のペースを守って走らせていた。激しくなった先行争いを見るようにして三、四番手をゆっくりと走っていると、すぐうしろの外側にソビエトプロブレムがいた。日本の最強馬の動きを見ながらレースを進めているのはさすがにマッキャロンだ。

速い流れでレースはあっという間に四コーナーを迎える。小島の手綱はまったく動かない。このときソビエトプロブレムが外に大きくふくれた。アメリカの競馬場はすべて左回りで、はじめて経験する右回りのコーナーでバランスを崩してしまったのだ。

アメリカの強豪が圏外に去った直線、サクラバクシンオーは前の馬たちを捉える。ラスト二百メートルをきって小島が鞭をいれると、弾けるように突きぬける。

最後は小島の手綱はしっかりと抑えられ、二着のビコーペガサスに四馬身の差をつけてゴールする。それでも勝ちタイムは一分七秒一。三年前に小島が乗って記録したサクラミライ（父サクラユタカオー）の記録を〇・五秒も更新する日本レコードだった。レースが終わって優勝タイムを確認した小島の印象が「恐ろしいほど速い時計」だった。

ゴールした瞬間、小島は「もったいないなあ」と思った。元々柔らかくいい筋肉をしていたが、骨が弱く、軟弱な馬で、成長過程はほかの馬よりも一年半ぐらい遅れていて、五歳の秋になってようやく本格化したのだ。

いまだぞ、この馬は。小島は思った。この強さ、このスピードは間違いなく世界一だ。もう一年走らせたら、どれだけ活躍できるだろうか。海外のレースだって……。

サクラバクシンオーはこのレースで史上最強のスプリンターという評価を受けた。しかし、あと一年現役をつづけていれば、もっともっと強いスプリンターが日本競馬に現れたはずだった。

20 デュランダル
大外、直線一気の快感

池添《いけぞえ》謙一といえば追い込み馬——。

そんなイメージがある。大外をとおって一気に追い込んでくる。見ているファン、とりわけその馬の馬券を買っている人には、これほど気持ちのいいことはない。そんな池添の追い込みで、もっとも印象に残るのがデュランダルである。

それまでの池添は、桜花賞に勝ったアローキャリーをはじめトウショウオリオンやヤマカツスズランなど、どちらかというと逃げ先行タイプの馬に乗っていた印象のほうが強かった。それが変わったのはデュランダルからで、デュランダルのあとは「そういう馬の依頼が多くなった」と池添は言う。スイープトウショウが、ドリームジャーニーが、そうだった。そしてドリームジャーニーに乗ったことが弟のオルフェーヴルにつながった。

池添がはじめてデュランダルに乗ったのは二〇〇三年九月のセントウルステークスだった。

そのとき「たまたま乗る馬がいなかった」池添に声がかかったのだ。当時はデビュー六年めの二十四歳。前の年にアローキャリーで桜花賞に勝った、売りだし中の若手だった。

調教で乗ったときにも「走りそうな馬だな」と思っていたが、レースでのデュランダルはまたひと味違っていた。結果は三着だったが、直線で見せた「脚」に、いままで感じたことのない感触を得た池添は、レースが終わるとすぐに調教師の坂口正大《まさひろ》のもとに駆け寄って言った。

「先生、スプリンターズに使うなら、ぼくを乗せてください！」

デュランダルは一九九九年五月二十五日に北海道千歳市の社台ファームでうまれた。父はサンデーサイレンス、母はノーザンテーストの娘サワヤカプリンセスという〝社台血統〟である。サワヤカプリンセスは栗東トレーニングセンターの坂口正大厩舎に所属し、三歳から五歳までの三年間で七戦しかできなかったが、短距離で四勝したスピード馬だった。繁殖牝馬として生涯十二頭の産駒をだし、デュランダルをはじめ中日スポーツ賞四歳ステークスに勝ったサイキョウサンデー（牡、父サンデーサイレンス）など五頭が坂口厩舎にはいっている。

坂口がデュランダルを最初に見たのは当歳のときで、そのときの印象は「男馬にしては小さいな」という程度だった。社台ファーム代表の吉田照哉の所有馬として走ることになったが、まさかＧⅠを勝てるほどの馬に成長するとは思っていなかった。

評価が変わったのは厩舎にきてからだった。調教の動きから「走る馬」という確信はあった。だからこそデビュー戦には武豊を起用し、池添の前には福永祐一、河内洋、四位《しい》洋文、蛯名正義、柴田善臣《よしとみ》とトップジョッキーを乗せていた。

しかし、二歳の十二月に阪神の新馬戦を勝ったあと、右前肢に骨瘤の兆候が見えたので、無理をしないで休ませることにした。骨瘤が治まり、三歳夏の小倉で復帰したデュランダルは坂口の見込みどおりにトントン拍子に勝ち星を重ねていった。秋には試しにと挑戦したマイルチャンピオンシップでは勝ち馬から〇・五秒差の十着に頑張り、そのあと三戦（一勝）して休ませた。ここまで九戦五勝という成績である。

そして、半年ぶりのレースとなったのが冒頭に書いたセントウルステークスだった。レースのあと、池添謙一が、きょうの走りができればGIでも勝負になりそうなのでスプリンターズステークスを使うならぜひ乗せてほしい、と言っていた。たしかに、四歳の秋になって、成長も感じられたので出走登録はしてみた。だからといって、まだ重賞にも勝っていない馬がGIで勝負になるとは考えていない。坂口の気持ちは、おなじ週に阪神競馬場でおこなわれるオープン特別、ポートアイランドステークス（千六百メートル）のほうに傾いていた。

ところがこのとき、馬主の吉田照哉のほうからスプリンターズステークスにだしてみたいと言ってきたのだ。

「せっかく出走枠が空いているんだから、挑戦してみましょうよ」

オーナーの提案を断る理由はない。坂口は基本的にオーナーの意向を尊重してきた調教師である。

こうしてスプリンターズステークスに出走したデュランダルは、セントウルステークス三着が評価されて五番人気の支持をうけていたが、坂口としては無欲の挑戦である。レース前、池添にひとつだけ注文をつけた。

「内はあかん。なんでもいいから、外にもってきてくれ」

以前、武豊に乗ってもらったときに「直線で外から追い込んできたほうがいい」と言っていたのだ。池添もまたおなじことを武から聞いていた。そして、デュランダルはそのとおりのレースをした。序盤は最後方をゆっくりと進み、四コーナーでは一番外をまわり、直線の外から勢いよく追い込んできた。池添は夢中で馬を追い、早めに抜けだして逃げきろうとするビリーヴと鼻面を並べるようにしてゴールインする。

ゴールの斜め前方にある調教師席から見ていた坂口の目には、わずかに内のビリーヴが粘っているように見えた。届かなかったか、と思った次の瞬間、左手をあげてガッツポーズをしている池添の姿がターフビジョンに映しだされていた。目の前でおきていることが坂口には信じられなかった。

重賞未勝利馬からＧＩホースになってしまったデュランダルだが、このときはまだこの馬の強さを正当に評価する人はすくなかった。つづくマイルチャンピオンシップでも五番人気だった。それでも、池添は馬を信じていた。いいペースで逃げたギャラントアローが直線でも粘っていたが、焦りはまったくなかった。馬の力を信じて最後の追い込みにすべてを託していた。

はたして直線。デュランダルはスプリンターズステークスとおなじように大外から追い込んでくる。まるで一頭だけべつのレースをしているかのようなスピードで飛んでくると、真ん中から抜けでたファインモーションをねじ伏せるようにしてゴールインする。着差は四分の三馬身差。ゴール前では、池添が手綱を抑え、馬の首筋を叩いて祝福するほど余裕があった。

二〇〇三年の秋に突如現れた短距離のチャンピオンは、翌年も短距離路線の王道を歩むことになった。しかし、この年のデュランダルは、ほんのちょっとだけ歯車が嚙み合わない、もどかしいシーズンを送ることになる。

初戦は高松宮記念だった。改修前の中京競馬場の直線は短く、追い込みきれずに二着に敗れる。コースが不向きなことは知っていたから、坂口も負けてもしかたないと思っていたし、それでも二着に追い込んできたことで馬の強さを再認識したレースでもあった。

ここまでは順調に思えたデュランダルだったが、春シーズンの最大の目標だった安田記念を前にして、右前脚に裂蹄《れってい》（蹄のひび割れ）が見つかる。糸で線を引いたような細い亀裂には、うっすらと血がにじんでいた。

症状は軽かったが、坂口はいったん馬を放牧にだして蹄の治療を施すことにした。吉田照哉もアメリカから先進の技術をもつ装蹄師を呼び寄せて治療にあたらせたが、残念ながら安田記念には間に合わなかった。

秋。裂蹄も癒えて元気に復帰したデュランダルだったが、連覇をめざしたスプリンターズステークスは雨と不良馬場という、追い込み馬にとって最悪のコンディションになってしまう。それでも、逃げきったカルストンライトオから四馬身離されたものの、二着に追いあげてチャンピオンのプライドはなんとか保った。

不運な二着がつづいたが、コースの不利もなく馬場状態も良かったマイルチャンピオンシップでは、この一年鬱積していたものをすべて吐きだすかのように一直線に追い込んできた。二着のダンスインザムードに二馬身の差をつける完勝。単勝二・七倍。一番人気に応えての優勝だった。

デュランダルの追い込みは前の馬を追いかけ、追い抜くだけでない。自分が好きなだけ、直線がつづく限り、どこまでも走っていきそうな、そんな印象がある。

マイルチャンピオンシップを連覇して日本の最強マイラーということを証明したデュランダルは、このあと香港に遠征し、香港マイルに出走した。ところが、香港の主催者は香港スプリントに出走するサイレントウィットネスが走りやすいようにと芝コースに大量の水を撒《ま》くという暴挙にでる。そのために馬場状態はスプリンターズステークスよりもひどい状態となり、デュランダルはなす術《すべ》なく五着に敗れてしまった。

それでもこの年、マイルチャンピオンの勝利とスプリントGI二着二回という成績が評価されて、二年連続でＪＲＡ賞の最優秀短距離馬に選出されている。

二〇〇五年。六歳になったデュランダルは現役を続行した。春の目標は安田記念で、秋にはマイルチャンピオンシップ三連覇という偉業もかかっていたし、吉田照哉のなかにはヨーロッパのＧＩに挑むプランもあった。

しかし、いつになってもデュランダルは本格的な動きを見せなかった。香港から帰国したあと一時放牧にだされ、三月の末には栗東トレセンに戻ってきていた。ところがそのときに、思いもよらないアクシデントで蹄を傷めてしまったのだ。安田記念が近づくにつれて、事情を知らないマスコミやファンはやきもきしていた。今回は裂蹄ではなかったが、蹄の状態は悪くなる一方だった。

池添もときどき厩舎をたずねてはデュランダルのようすを見ていた。患部に包帯を巻かれた姿が痛々しい。じっと馬房のなかに立っている馬の姿を見たとき、池添は「このまま引退かなと思った」そうだが、実際に、坂口は引退も考えていたと言う。わたしが話をきいたのは、デュランダルが引退した翌年だった。

「いまだから言えるんですが、六歳春のときには引退も考えたほどでした」

デュランダルは競走馬生命も危ぶまれる危機に直面していたが、微妙な事情もあって、坂口はマスコミへの公表を避けていたのだ。

五月、六月とトレセンで入院生活のようにして治療をつづけられたデュランダルは、七月初旬にはなんとか動けるようになり、一度、牧場に戻ることになった。最悪の事態は避けられたが、それでもレースに復帰するのはむずかしいだろう、とだれもが思っていた。

だが、奇跡がおきた。牧場で静養していると蹄のほうもいつの間にか完治し、復帰に向けたトレーニングもできるようになっていたのである。そして八月二十七日に栗東に帰ってくる。元気な姿を見た坂口はデュランダルの生命力の強さに驚かされた。蹄が良くなっただけでなく、短期間の間に筋肉も戻っていた。ほんとうに奇跡としか思えなかった。

関係者だけが知る奇跡の復帰戦——。十か月ぶりのレースとなるスプリンターズステークスは香港の英雄サイレントウィットネスに逃げきられてしまったが、日本馬として最先着の二着を確保した。外をまわって気持ちよさそうに追い込んでくる姿は往時のデュランダルそのものだった。

このあとデュランダルは、マイルチャンピオンシップ三連覇という偉業に挑んだが八着に敗れ、そのまま引退が決まった。

坂口正大にはひとつだけこころ残りがあった。五歳と六歳の春に蹄を傷め、安田記念にでられなかったことだ。

「一度でいいから東京競馬場で思いっきり走らせたかった」

坂口は残念そうに言った。聞いていたわたしは、東京の長い直線を大外から追い込んでくるデュランダルの姿を想像する。だれもが一度、見たかったシーンだ。

引退後、社台スタリオンステーションで種牡馬になったデュランダルは、二〇一一年からブリーダーズスタリオンステーション（日高町門別）に移り、二〇一三年七月に急死した。

十四歳だった。種牡馬として働いたのは八年だったが、障害を含めて六頭の重賞勝ち馬（中央）が誕生し、エリンコートは父が走れなかった東京競馬場でオークスに勝っている。

ロードカナロア
日本競馬の未来

21

衝撃的な種牡馬デビューだった。一年めの産駒からいきなりアーモンドアイというスーパーヒロインが誕生し、ステルヴィオがマイルチャンピオンシップに勝った。さらに二年めの産駒からはサートゥルナーリア（皐月賞）が現れる。驚きはすばらしい産駒を送りだしただけではない。チャンピオンスプリンターの産駒が二年連続でクラシックに勝ち、ジャパンカップをレコード勝ちするのである。まさに「スピードはスタミナを制す」である。

北海道安平町の社台スタリオンステーションで種牡馬になったロードカナロアは、一年めの種付け料は五百万円だったが、アーモンドアイが三歳になった二〇一八年には八百万円になり、それでも種付け頭数は過去最多となる三百七頭（むかしの種牡馬ならば五年分に相当する）にのぼった。そして二〇一九年に日本競馬を牽引してきた二頭の大種牡馬、ディープインパクトとキングカメハメハが相次いで死ぬと、二〇二〇年の種付け料は二千万円まで高騰している。

将来のリーディングサイヤーが約束されている種牡馬の産駒には買い手も殺到する。七月におこなわれる日本競走馬協会のセレクトセールでは一年めの産駒たちが走りはじめた二〇一七年から毎年一億円を超える馬が登場している。

かつて、ロードカナロア自身もセレクトセールに上場された馬だった。二〇〇八年七月十六日の当歳市場。三月十一日にうまれた鹿毛の牡馬、血統名「レディブラッサムの2008」の上場番号は四百三十七。生産者は新ひだか町三石のケイアイファーム。父はキングカメハメハ、母のレディブラッサムは短距離で五勝をあげて準オープンクラスまで上がった活躍馬で、祖母のサラトガデュー（GⅠ二勝）は一九九二年のアメリカの三歳牝馬チャンピオンという、すばらしい血統である。

しかし、競売人のハンマーは叩かれなかった。日本最大のせり市には国内外から多くのバイヤーが参加していたが、金に糸目をつけない大馬主も幾多の名馬を育ててきた名調教師も業界では顔の知られた敏腕エージェントも、だれひとりとして目の前の仔馬の未来を想像できた人はいなかった。

業界用語でいう「主取り」となったロードカナロアは、ケイアイファームが母体となっているクラブ法人ロードホースクラブの所有馬となり、栗東トレーニングセンターの安田隆行厩舎に預けられた。安田は数年前からロードホースクラブの馬を預かっていた。

ロードホースクラブは一九七〇年代の半ばから馬を走らせている古株のクラブ法人である。

初期の活躍馬には一九七八年の桜花賞で一番人気（五着）となったダークロードなどがいるが、「ロード」の馬がGⅠ戦線で活躍するのはケイアイファームの中村伊三美《いさみ》が代表となってからである。

中村伊三美の父は馬商で馬主でもあった中村和夫（中村畜産）。サルノキングとハギノカムイオーの共同馬主として話題になったり、名種牡馬ミルジョージの馬主（一歳のときにアメリカのせりで買った）になって日本に輸入するなど、七〇年代から八〇年代に活躍した人物だ。ケイアイファームは和夫と伊三美のイニシャル（K・I）から名づけられた牧場で、いま、日高地方でもっとも勢いのある牧場のひとつである。

安田隆行厩舎にはいったロードカナロアは、せりで買い手がつかなかった馬とは思えないほどすばらしい動きを見せていた。スタートが抜群に速く、とにかくスピードがあった。

二歳の十二月、小倉の新馬戦（芝千二百メートル）もスタートから先頭にたつと、騎手がなにもしないまま独走し、二着に六馬身差をつける大楽勝だった。だが、年があけて三歳になると、ジュニアカップ（中山千六百メートル）と京都の五百万下（芝千四百メートル）で二着に負ける。スピードがありすぎるのか、我慢できずに先頭に立って逃げ、その結果、ゴールでは息切れしてしまうのだ。

ここで安田隆行はスプリント路線を歩ませることに決める。オーナーサイドからも異論はでなかった。まだ三歳の早い時期でもあり、すこしでも可能性があればNHKマイルカップをめざしたいと思うのが人情だろうが、陣営はあくまでもロードカナロアに適したレースを選んでいく。これが英断となった。

千二百メートル専門のランナーとなったロードカナロアはまさに水を得た魚だった。三歳の春に二連勝し、夏にたっぷりと休みをとって臨んだ十一月の京洛ステークスでは大きな進境を示す。いいスタートをきりながら中団まで下げ、直線で抜けだすという、おとなの走りができるようになっていた。しかも、ラスト六百メートルを三十二秒七で駆ける瞬発力をみせた。そしてはじめての重賞挑戦となった京阪杯も三、四番手をスムーズに進んで、きれいに抜けだしてくる。学習能力が高い馬なのだろう。秋から主戦騎手になっていた福永祐一との呼吸も合い、中団に控えて追い込むレースが板についていた。

二〇一二年。四歳になったロードカナロアはシルクロードステークスを後方から追い込んで勝ち、その勢いで高松宮記念に挑戦する。五連勝、GⅢとはいえ重賞を連勝してきたロードカナロアは、厩舎の先輩で、前年のスプリンターズステークスの優勝馬カレンチャンを差し置いて一番人気に支持された。スプリント界に登場した新スターへの期待の大きさが単勝オッズになって現れた。

だが、ここでGⅠの壁を痛感する。いい感じで四番手でレースを進めていたが、直線の勝負どころで前が窮屈になり、三着に敗れた。勝ったのは二番手から早めに抜けだしたカレンチャンだった。能力はあっても、GⅠを勝つには経験という見えない力が足りなかった。

このあと短い休養を挟み、函館スプリントステークスに出走したが、ここでもまたインコースから抜けでるのに手間取り、二着に負ける。二戦つづけておなじような負け方をしたことで、オーナーサイドから「ジョッキーを替えてみたらどうか」という打診があった。いままでのようなレースをしていたのではＧⅠは勝てないし、嫌な流れを断ちきるための刺激策も必要だった。主戦騎手を替えるというのは、騎手時代にトウカイテイオーでの苦い経験がある安田には苦渋の決断でもあった。

主戦騎手が岩田康誠に替わった初戦、セントウルステークスでは三番手をスムースに進み、直線でカレンチャンを抜きながら、最後は外から追い込んできたエピセアロームに負けてしまう。これで三連敗。しかし今回の敗戦はレースの流れの綾であり、はじめて騎乗した岩田自身はたしかな手応えをつかんでいた。ロードカナロアの持ち味を生かすには、前に行って粘るのではなく、前半はうしろに待機して〝脚〟を温存したほうがいい――。岩田はそう確信した。

五連勝のあとの三連敗で、スプリンターズステークスでは二番人気になっていたが、ここでついにロードカナロアの真価が発揮された。十六番枠の大外からスタートすると、中団のややうしろを追走し、直線では外から勢いよく追い込んできた。そしてカレンチャンと並ぶようにして先頭に立つと、最後は先輩馬を力でねじ伏せた。優勝タイムの一分六秒七はコースレコードだった。ずっと外をまわりながらこれだけの強さを見せつけたのだ。安田にとって、カレンチャンのスプリントＧⅠ三連勝が成らなかったのは残念だったが、それ以上に「カナロアならば三連勝できるんじゃないか」という期待が大きくなり、同時に「この馬で香港に行きたい」という思いが高じていた。

二〇一二年十二月九日。ロードカナロアはカレンチャンとともに香港スプリントに出走した。香港遠征は安田の希望でもあった。

過去の香港スプリントは短距離大国オーストラリア産の香港馬の独壇場だった。その牙城に挑むことについて取材記者に問われた安田は「どこまでやれるか」とひかえめに語っていたが、内心はそれなりの自信があった。たしかにこれまでの結果を見るかぎり香港馬が強かったが、前の年にはカレンチャンが輸送機のトラブルなどがありながら五着に頑張ったように、ロードカナロアならばじゅうぶんに太刀打ちできると踏んでいた。さいわい、この年は輸送がスムーズだった。関西空港で馬を積んでから香港の厩舎に着くまでの時間は栗東トレセンから中山競馬場に行くのとさほど変わらず、香港に来てからも順調だった。

一番人気は連覇をめざすラッキーナイン。スプリンターズステークスではロードカナロアの五着に負けたが、香港に戻って前哨戦のGⅡを勝っていた。ロードカナロアは三番人気と過去の日本馬の成績を反映するような評価だったが、馬自身ははじめて体験する海外のレースに臆するようすはまったくなく、存分に力を発揮できた。好スタートをきると、先行馬を前に行かせて三番手を進み、直線で抜けだしてきた。二着に二馬身半差をつける、実力どおりのレースを見せてくれた。

なぜか日本馬が勝てなかった香港スプリントは凱旋門賞と並んで鬼門のように言われてきたが、その呪縛を簡単に解いてしまったロードカナロアへの自信と信頼が安田のなかでいっそう強くなっていた。

二〇一三年。五歳になったロードカナロアは阪急杯をステップに高松宮記念に臨んでいる。阪急杯は二年ぶりの千四百メートル戦だったが、問題なくクリアし、高松宮記念でも単勝一・三倍の人気に難なく応えた。後方からゆっくりと追い上げ、直線で抜けだしてくる盤石の強さだった。

スプリントGI三連勝。押しも押されもしないアジア最強のスプリンターとなったロードカナロアだが、レースの選択という悩みもうまれていた。夏のスプリントシリーズはGI馬には重い重量が足かせとなり、秋まで適当なレースがないのだ。

このとき、安田の次男で当時調教助手をしていた翔伍（現調教師）から、安田記念を使ってはどうか、という提案があった。ずっとロードカナロアの調教を担当していた翔伍は「いまのカナロアならば、千六百メートルでもいけると思う」と言った。自信もありそうだった。

オーナーサイドも安田記念には積極的だった。将来、種牡馬になったときのことを考えたとき、千六百メートルのGIに勝てば生産界の評価は大きく変わってくる。

こうして出走が決まった安田記念では、いくらかの距離不安を抱えてはいたが、さらなる強さを発揮する。千六百メートルでも我慢ができるようになっていたロードカナロアは、シルポートがつくる速い流れのなかで中団のややうしろを進み、直線で力強く抜けだしてきた。ゴール前で外からショウナンマイティが追い込んできて首差まで迫ったが、すでに勝負は決していた。勝ちタイムの一分三十一秒五はコースレコードに〇・二秒差に迫るもので、小差の勝利だったが、内容は完勝といってよかった。

これでGI四連勝。安田記念という大きな勲章も手にいれたロードカナロアは、年内で引退し、翌年から種牡馬になることが決まった。そのためにも秋シーズンは中途半端なレースはできない。無論、スプリンターズステークスの連覇は必須だった。

秋初戦のセントウルステークスはハクサンムーンにうまく逃げきられてしまったが、一度レースを使われたことで、スプリンターズステークスでは最高の状態に仕上がった。はたしてロードカナロアは強かった。中団を進んで直線で抜けでる、これまでなんども見せてきたレースで五つめのGIを手にした。

五歳になって馬そのものが変わっていた。大きく幅のある体になり、落ち着きもでてきた。いいスタートをきりながら、先行馬を前に行かせ、中団に構えるレースぶりは、どう見てもスプリンターのものではなかった。しかも自由自在のレースができて、抜群の瞬発力があるのだから、鬼に金棒である。

種牡馬になってからロードカナロアの産駒を扱った人々は、このとき安田が感じていたこととおなじようなことを口にした。産駒はなべて性格がおだやかで、人に従順で、レースでも折り合いがつく。だから長めの距離でも大丈夫なのだと。

競走馬として完成されたロードカナロアを見ていて、二千メートルでもいけそうだと思った安田は、オーナーサイドに秋の天皇賞出走を打診している。しかし、「それはやめてくれ」と即座に断られた。それもそうだ。ロードカナロアの評価はすでに定まっていた。偉大なスプリントチャンピオンを未来の名種牡馬として生産界が迎えてくれているのだ。いまさらリスクを冒す必要はない。

天皇賞をあきらめたロードカナロアにはマイルチャンピオンシップという選択肢もあったが、安田はいまいちど香港に行きたかった。狙いは香港スプリントの連覇である。オーナーサイドは、築きあげてきた名誉を傷つけないように、とひとつだけ注文をつけたが、安田は自信たっぷりに言った。

「いや、勝ちますよ」

そして最後の香港スプリントを勝った。中団を進み、直線では岩田康誠が鞭を使うこともなく、馬の走るままに抜けだしてくる。二着との差は五馬身あった。あきれるほどの強さで、ロードカナロアは現役最後のレースを終えた。

通算十九戦十三勝、二着五回、三着一回。一度も馬券圏外になったことがない。GⅠは香港の二勝を含めて六勝。二〇一三年には短距離馬としてはタイキシャトル以来の年度代表馬に選ばれた。日本競馬史上もっとも偉大なスプリンターとして、ロードカナロアは種牡馬になった。

第5章

キタサンブラックをつくった男たち

第一話　誕生

牧場をつくった男

ふたりの男がいた。ひとりは牧場をつくろうとしていて、もうひとりは自分の牧場を持ったばかりだった。

牧場をつくろうとしていた男は西川幸男といった。何人もの人気歌手をかかえる芸能事務所、新栄プロダクションの社長である。

競馬好きだった西川が知人に誘われて馬主になったのは一九六六年の末のことである。中山競馬場の杉浦照《てらし》調教師の紹介で馬を買い、当時の妻・五月みどり（のちに離婚）と『新聞少年』がヒットしてスター歌手になっていた息子の山田太郎から名づけたサツキタロウがデビュー戦に勝った。

馬主のおもしろさを知り、ますます競馬の魅力にとりつかれた西川は所属歌手たちにも馬を勧める。そのなかに北島三郎もいた。一九六二年に『なみだ船』で日本レコード大賞新人賞を受賞し、六五年には『函館の女』が大ヒット、『兄弟仁義』が東映で映画化されるなど、歌謡界の若きスターである。北海道の生家にも農耕馬がいて、こどものころから馬に乗っていた北島は元来馬が好きだった。

「きみも一頭持ってみたらどうだ」

と勧める西川に、北島は言った。

「いいですね。でも、あんまり高い馬はだめですよ」

北島は西川から勧められるままにテューダーペリオット産駒の牡馬を買い、馬主になった。長男の名前をとってリュウと名づけた馬は二歳から四歳まで二十九戦して四勝、新潟ではふたつの特別に勝つなど大活躍してくれた。北島が三十二、三歳のころである。

それと前後して、西川幸男は所有馬を飼養するための土地を購入している。場所は北海道静内郡静内町真歌《まうた》。静内の街と太平洋を見下ろす高台に牧場をつくろうとしていたのだ。

もうひとりの男――自分の牧場を持ったばかりの男は梁川《やながわ》正雄といった。苦学して獣医師免許をとった梁川は、日高馬匹《ばひつ》組合、日高軽種馬農協の獣医師として働き、日高地方では名前の知られた存在だった。獣医師として牧場をまわっているうちに自分で競走馬を生産してみたいという思いが強くなっていた梁川は、資金を工面し、北海道沙流郡平取《びらとり》町に小さな牧場をひらいた。

梁川は苦労して獣医師になった人物らしく、なにごともつきつめて考え、実践していく男だった。牧場をやると決めると、専門外の土地や草について徹底的に勉強し、ほかの牧場も見学して歩いた。そしてヤナガワ牧場をひらき、最初の馬を生産したのは一九六六年だった。

そんな梁川のことが西川幸男の耳に届いた。馬はまったく素人である西川は、牧場を全面的に任せられる、信頼できる場長を探していた。西川は人を介して梁川に会った。

西川と梁川は二度三度と会って話をするうちに意気投合する。名獣医師として知られた梁川の深い見識と、まじめな性格に惚れ込んだ西川は牧場の場長になってくれと懇願した。この人ならば安心して牧場を任せられる。

梁川にとっても魅力的な誘いだった。有名な芸能事務所の社長は資金もじゅうぶんにあり、牧場用地も広い。自分の牧場を持つ前だったら、誘いに応じたかもしれない。しかし現実には平取の牧場だけで手一杯である。

「わたしは中途半端なことが大嫌いで、引き受けた以上は徹底的にやらないと気がすまない性格です。そうすれば、はじめたばかりの自分の牧場を閉めなければならない」

そう言って、梁川は固辞した。

それでも西川は梁川を口説いた。この人物と見込んだら、何度もアプローチをかけてくるのは芸能事務所の社長ならではのことだ。

場長の話は断ったものの、まじめな梁川は、熱心に誘ってくれる西川の気持ちを無下にはできなかった。そのとき頭に浮かんだのは、獣医になったばかりの長男、正克だった。

「まだ二十三歳の若造ですが、それでもよければ西川さんにお貸しできますが」

「わたしに異存はありません。梁川さんにすべてお任せします」

「馬づくりはわたしが責任をもって徹底的にやらせますから、もし馬が走らないと思ったら遠慮なくクビにしてください」

こうして息子の正克を西川の牧場の場長にすることで話がまとまる。最初は自分が息子を厳しく鍛え、牧場が軌道に乗るまでは責任をもってやりますから、と梁川は付け加えた。

牧場をひらくときも西川は北島三郎を誘い、牧場名はふたりの名字から北西牧場と名づけた。のちに新栄プロダクションから独立し、梁川正克と親交を深めながら競馬を楽しむようになる「馬主・北島三郎」のルーツは西川とともにはじめた北西牧場にあったのだ。

麻布大学の獣医学部を卒業して就職先も決まっていた正克は、牧場をやるという父に北海道に呼び戻され、こんどは場長として新設の牧場に赴くことになった。父とおなじでまじめで勉強熱心だった正克は、経験不足を精力的に仕事をすることで補った。そして一九六九年の春には北西牧場の最初の産駒が誕生する。

一方、約束どおり、牧場が軌道に乗るまで息子をサポートしていた梁川正雄は、北西牧場の開場を前にした一九六七年春、西川と一緒に馬を探して北海道の牧場をまわっていた。そのときに浦河の三嶋牧場で一頭の牝馬に目をつけた。父はダイハード。この年、桜花賞二着のスイートフラッグなど初産駒が活躍をはじめていた新進種牡馬である。梁川は言った。

「三嶋さん、この牝馬は売らないほうがいい。競馬は走らないかもしれないが、繁殖としては必ずいい仔をだすよ」

「いや、ほしい人がいたら売ってもいいよ。西川さん、買ってくれませんか」

三嶋もそう言うので、西川は牝馬を買うことにした。梁川がほめる馬なら、きっといい繁殖になるに違いない。

チエクインと名づけたその牝馬は西川の所有馬として中山の杉浦照厩舎にはいり、三歳になって一勝すると、休養のために北西牧場にもどってきていた。そのとき、いい感じの発情があった。

「いま、ちょうどいい発情がきてますので、競馬場に帰さないで、このまま繁殖として使いたいんですが」

あろうことか、梁川正克は現役の競走馬だったチエクインに北西牧場にいた種牡馬ショウグン（父トサミドリ。四勝。皐月賞二着）を種付けしてしまうのである。西川の了承を得ていたとはいえ、青年場長の〝暴走〟に競馬場で馬を待っていた杉浦はさすがに怒ったが、父の正雄がいい繁殖になると見込んだチエクインは翌年、なかなかの牝馬を産んだ。西川（西川商事）の所有馬として三勝をあげたウエスタンパールである。

さらに次の年、チエクインはパーシア（イギリスダービー）の牡馬を産む。フジノパーシアである。天皇賞・秋と宝塚記念に勝ち、ワシントンＤＣ国際にも出走（六着）した名馬だ。パーシアは輸入されたときから正克が注目していた種牡馬だった。門別種馬場に馬を見に行った正克は、この種馬はいつか大物をだすと直感したのだ。

チエクインは一九七五年には天皇賞馬スリージャイアンツ（父セダン。西川ら三人の馬主が共同所有）も産んでいる。きょうだいの天皇賞馬はクリペロとクリヒデ、コレヒサとコレヒデにつづいての三組めで、そのあともモンテプリンス、モンテファストしかいない。

チエクインという名繁殖牝馬によって北西牧場の名前が脚光を浴びはじめたとき、正克は場長をやめる。父の牧場を手伝っていた弟が急逝し、平取に帰ることになったのだ。スリージャイアンツが誕生し、フジノパーシアが天皇賞に勝つ年のことだ。

このとき西川は場長を務めてくれたお礼に「好きな牝馬を一頭やるぞ」と言ってくれた。正克が選んだのはおもいでの馬ウエスタンパールだった。

正克と一緒に平取にやってきたウエスタンパールはヤナガワ牧場の屋台骨となった。牧場の最初の重賞勝ち馬ウエスタンジョージ（牡、父タイテエム、愛知杯など重賞三勝。馬主・西川商事）やヒガシマジョルカ（牝、父サクラユタカオー、函館記念）を送りだすのである。

ヤナガワ牧場

梁川正普《まさひろ》は北西牧場でうまれ、幼い時期を静内で過ごした。北西牧場はにぎやかな牧場だったという記憶がある。代表が芸能事務所社長ということで村田英雄や西川峰子など有名な歌手たちがよく遊びにきていた。北島三郎にも何度か会っていて、小さいときに「抱っこしてもらって」撮した写真もある。

祖父の正雄がはじめたヤナガワ牧場は父の正光が引き継ぎ、平取の牧場は支場となり、門別に本場をひらいた。繁殖牝馬もすこしずつ買い集め、中央の重賞で活躍できる馬もでるようになった。

牧場の敷地は本場が八十ヘクタール、分場は二十ヘクタールある。牧場の繁殖牝馬は増減するが三十頭前後で、ほかに預託馬が二十頭ほどいる。うまれる仔馬は年に三十五頭から四十頭で、繁殖牝馬と産駒を父と正普、十人の従業員で世話をしている。大牧場ではないが、日高では大きなほうにはいる牧場になった。

いずれは自分が牧場を継ぐと思っていた梁川正普は父とおなじ麻布大学に進学し、卒業するとノーザンファームで働きながら勉強している。サンデーサイレンス産駒のフジキセキが種牡馬になって帰ってきたころだった。

巨大牧場は自分が知っている日高の牧場とはなにからなにまで違っていた。施設も繁殖牝馬の質も騎乗者も次元がぜんぜん違う。ノーザンテーストの繁殖牝馬が霞んでしまうほどの、日高の牧場ではとても買えない外国産の繁殖牝馬がたくさんいた。すごいな、なんだろうな、と思いながらも、自分の牧場でもまねできるところを懸命に吸収してきた。

そのあとはアイルランドのバリーリンチスタンド、アメリカのスリーチムニーズファームで研修した。日本とは気候風土も違うし、牧場の規模も競馬のシステムも違う。学んだことをすぐに取り入れるのはむずかしいが、名門牧場のやりかたを見聞して大いに刺激を受けた。

変えられるところは変え、日本でもできるところを取り入れればいい。

こうして勉強を重ね、牧場にもどって父を手伝うようになったのは三十歳になったころだった。父の努力で牧場の成績も上がりはじめていた。二〇〇〇年代になるとコンスタントに重賞勝ち馬がでて、GⅠにも手が届くようになった。

祖父が牧場をはじめたころは高度経済成長のまっただなかだった。三冠馬シンザンの登場などで競馬人気も高まり、日高でも農業から競走馬の生産に転じる人も増えていた。馬はつくれば売れるとまでいわれた時代だったが、祖父はわずか四頭（うち二頭はアラブ）の繁殖牝馬で、土地も建物もなく、軽種馬農協の退職金を資金に牧場をはじめている。父の時代にはバブル経済があって生産地も潤ったが、祖父の苦労を知っている父は、

「バブルがなかったら、牧場は存在しなかったかもしれない」

と、むかしを振り返って言う。

そしていまは、と考えると梁川は暗澹《あんたん》たる気分になる。日高まで足を運んでくれる馬主や調教師はすくなくなり、馬は思うように売れない。運よくGⅠに勝つ馬がうまれても、生産者賞は大幅に減額された。優勝劣敗は競馬の世界では当然のことでも、廃業したり大手に買収される牧場はあとを絶たない。

牧場は産婦人科であり、小児科であり、保育所であり、小学校、中学校でもある。仕事の幅が広く、一頭の馬が育つまでに長い時間と労力が必要だ。元手のかかる、不安定な仕事でもある。日高の牧場は従業員不足が深刻で、ヤナガワ牧場も例外ではない。

それでも自分が運がよかったのは父親が育ててきた繁殖牝馬がいたことだ。北西牧場ではチエクインを名繁殖牝馬に育てた父は、ほかの牧場から買った牝馬や頑張って海外から輸入した牝馬の系統をたいせつに守り、その孫や曾孫から活躍馬がうまれている。

はじめて牧場にGⅠのタイトルをもたらしてくれたサンライズバッカス（父ヘネシー。フェブラリーステークス）もそうだ。父は写真を見て気に入った祖母のワールドサファイヤ（父サーペンフロ）を買い、リアルシャダイを種付けし、うまれたのがサンライズバッカスの母となるリアルサファイヤ（フラワーカップ）だった。

Dr.コパこと小林祥晃が所有するGⅠ馬、コパノリッキー（父ゴールドアリュール、フェブラリーステークス）の四代前の母アリーウインはアリダー産駒で、コパノリチャード（父ダイワメジャー、高松宮記念）の曾祖母アルガリーの父はブラッシンググルームだ。世界的な名種牡馬の血を受けた二頭の繁殖牝馬は、父が頑張ってアメリカで買ってきた。

ヤナガワ牧場では社台グループの繁殖牝馬も何頭か預かって生産している。そうした関係からオトメゴコロという十四歳になる繁殖牝馬を譲り受けた。競走馬としては四勝して特別にも勝っているが、産駒は三頭しかなく、一頭が一勝しただけの牝馬だった。父のジャッジアンジェルーチの産駒は中央では障害の重賞しか勝っていない。ただ、母のティズリーは梁川が働いていたときにノーザンファームにいた牝馬だった。

「ああ、あの馬の仔ならほしいな」

と思ったのがオトメゴコロを導入した理由だった。生産界ではよく「ほかの牧場に売った牝馬から活躍馬がでる」とジンクスめいたことを言われるが、オトメゴコロがそれに当てはまるなどと、だれひとりとして思っていなかった。

繁殖牝馬に配合する種馬は基本的に父と正普が話し合って決めている。意見を出し合い、予算の範囲内で安くてもおもしろそうな種馬を候補として選び、こんな馬がうまれるだろうなと想像しながら配合する。それが生産者としての楽しみのひとつでもある。

オトメゴコロにサクラバクシンオーを付けようと考えたのは父だった。

「バクシンオーでいくか」

「ああ、いいね」

正普に異存はなかった。血統や繁殖成績は地味だったが、馬格のある牝馬なのでどんな種馬でも合うだろうと思っていたし、なによりもサクラバクシンオーのスピードは魅力がある。うまれたのは牝馬だった。思っていたよりもいい馬で、牧場がもっとも世話になっている馬主のひとり、松岡隆雄（株式会社松岡）の所有馬となり、シュガーハートという名前で栗東の崎山博樹厩舎にはいった。

「出れば勝ち負けできそう」

と報告も受けていたのだが、デビュー前に屈腱炎になってしまい、一度も走らないまま牧場に帰ってきた。

繁殖牝馬になったシュガーハートにはヤナガワ牧場の生産馬で松岡の勝負服で走ったサンライズペガサス（父サンデーサイレンス、重賞三勝）を種付けし、牡馬がうまれた。二年めにはスタチューオブリバティを付けて不受胎だったが、三年めにはステイゴールドの牡馬（ショウナンバッハ）を産んでいる。

そして四年め。ことしはなにを付けようかと考えていたときに、梁川の頭に浮かんだのがブラックタイドだった。ディープインパクトの兄で、初産駒が二歳になったばかりの新進種牡馬だったが、種牡馬展示会で見たとき「すごくいい馬」だと思った。ディープインパクトも長距離のGⅠに勝っているので、血統的には距離ももちそうだった。

シュガーハートは繁殖牝馬としてはまだ評価が定まっていない。たとえ頑張ってディープインパクトを種付けしても、産駒を売るときのことを考えると採算が合わなくなる。血統面のおもしろさと、現時点でのシュガーハートの評価に見合った種付け料を考えれば、ブラックタイドはちょうどいい種馬だった。

ディープインパクトの兄

日高町門別富川の市街を抜け、沙流川を渡り、国道二三五号線から山沿いに二キロほどはいって牧場地帯を進むと、ブリーダーズ・スタリオン・ステーション（以下ブリーダーズSSと略）の瀟洒《しょうしゃ》な厩舎が見えてくる。一九八八年に門別の生産者を中心に大手牧場や有力馬主などが出資して設立された種牡馬牧場である。運営するのは株式会社サラブレッド・ブリーダーズ・クラブ。一九八一年に門別町の有力牧場が中心になってつくられた競走馬専門の商社で、種牡馬の導入や種牡馬シンジケートのマネジメント、種牡馬株の売買斡旋などをおこなっている。ヤナガワ牧場も役員として名を連ねている。

二十頭分の放牧地も含めて敷地面積は十一ヘクタール。四つの厩舎（十八馬房）と九頭収容できる待機馬房がある。門をはいり、正面に見えてくるスタリオン事務所と種付け所がある建物の裏手に土が盛られたような場所がある。そこには石がひとつ置かれてあり、長くブリーダーズSSに貢献してきた馬が眠っている。

馬の名前はイーベルツェーン。ドイツ語で「十以上」を意味する。母のイチワカはテンポイントの妹だ。二〇一三年に三十年の生涯を閉じたイーベルツェーンは種牡馬としては二〇〇〇年までに十二頭の産駒をだし、それからはずっと〝あて馬〟として働いてきた。種付けにきた牝馬の発情をうながし、種牡馬にバトンタッチする、雄としてひどくつらい仕事である。

放牧地の奥には種牡馬たちのお墓があり、ステイゴールドやタヤスツヨシ、エアシャカールらの名前が記された墓石が並んでいるが、スタリオンの従業員たちは〝あて馬〟の仕事場である小さなパドックと自分が生活していた馬房と放牧地が見える場所を選び、裏方として種馬場を支えてきた馬を手厚く葬った。質素だが心のこもった「無名戦士の墓」である。

ここにブラックタイドがやってきたのは二〇〇八年だった。イーベルツェーンはまだ現役で頑張っていて、墓があるところは小さな落葉松林だった。

ディープインパクトの一歳上の兄、ブラックタイドは日本競走馬協会の当歳市場で弟よりも二千七百万円高い九千七百万円で落札されている。ディープインパクトは厩務員がほんとうに男馬なのかと股間を覗いたというエピソードがあるほど小さな馬だったが、兄は黒光りするりっぱな体をしていた。それだけの可能性をもち、期待もされていた。

しかし、三歳の春にはスプリングステークスに勝ったが、皐月賞で二番人気で十六着に負けたあと屈腱炎を患って二年間の休養を余儀なくされている。この間、弟が三冠馬となると、日高の生産者たちは兄をあたらしい種牡馬候補としてピックアップしていた。復帰したあとは三年間勝てなかったが、それでも、種牡馬として導入しようという声は根強く残っていた。

そして引退が決まった七歳の夏に、オーナーサイドからブリーダーズＳＳに種牡馬としておきたいという話が持ち込まれたのだ。馬主の金子真人の馬はそれまでにもブラックホークやブラックタキシード、サイレントディールがブリーダーズＳＳで種牡馬生活を送っていた。

ひと足先に種牡馬となった弟の初産駒がうまれ、せり市でも話題となった直後ということもあり、ブラックタイドの種牡馬シンジケート（六十株）はすぐに満口となった。さらに一年めの種付け料が受胎を条件に五十万円と決まると、種付け希望が殺到する。

ブラックタイドはディープインパクトと父も母もおなじ、いわゆる〝全兄《ぜんけい》〟である。名種牡馬の全兄弟というのは生産者には魅力的に映るもので、かつてはノーザンダンサーをはじめニジンスキー、ボールドルーラー、アリダーら世界的な大種牡馬の全兄弟が輸入され、日本産馬でもシンザンやアローエクスプレス、トウショウボーイの全兄弟も種牡馬になっているが、大レースの勝ち馬はだせなかった。

しかしブラックタイドは過去のどの全兄弟種牡馬よりも恵まれていた。なにしろ一年めから百五十頭もの牝馬が集まってきたのだ。血統の魅力だけでなく、弟よりもずっとりっぱで、雄大な馬体が人気の要因だった。

ブラックタイドの担当になったのは工藤礼次だった。二十歳のときにブリーダーズSSに入社して十年めになる。基本的にブリーダーズSSには十八頭の種牡馬がいて、六人のスタリオン従業員が三頭ずつ担当している。

ブラックタイドは気性が荒く、トレセンの調教では乗り手を振り落とすようなこともあった。スタリオンにきたときには「うるさい馬」だとは聞いていたが、ステイゴールドを担当していた工藤にとっては「素直にうるさい」というレベルだった。ひねくれ者で、気も荒かったステイゴールドと比べればずいぶんと扱いやすい。ブラックタイドは噛みたいときに噛んできて、蹴りたいときに蹴ってくる。馬の気持ちがよみやすい、わかりやすい馬だった。

種付けはじょうずだった。試験種付けをすると、すぐに牝馬に乗っていった。練習もいらないくらいで、種付けそのものに前向きな馬だった。

サンデーサイレンスの産駒はおしなべて精力が強い。ステイゴールドはいつもやる気に満ちていて、すさまじい種付けをしたものだ。小さな体で健気に走っていた、テレビで見た現役時代のイメージとは正反対の種馬だった。

ブラックタイドも種付けに手間取ったことはない。牝馬がくるとぱっと乗って、わかりやすく射精し、ぱっと終わった。経験のない牝馬をおびえさせることもない。教科書どおりの種付けをし、終わるとしずかにしている。オンとオフがはっきりしている、手のかからない馬だ。

授精率は平均の範囲内だった。種付けシーズンは朝の八時半、午後一時、夕方五時と一日に三回種付けする。百頭を超える牝馬に種付けをする馬はどうしても疲れがでたり時間がかかったりするが、それもない。精力だけでなく、スタミナもたっぷりあった。

「気持ちのいい種付けをするね」

種付けを見ていた生産者が感心したように言っていた。

あたらしい種牡馬は一年めは牝馬を集めていても、二年め、三年めと数が減っていくことはよくあるが、ブラックタイドは二年めも百四十三頭に種付けし、三年めはさらにそれ以上の申し込みがあった。うまれた産駒の出来がよかったのだろう。ディープインパクトの産駒は父に似て小さめだったが、ブラックタイドはりっぱな体をしたこどもが多いようで、生産者の評判も上々だった。

「大きくでて売りやすいよ」

リピーターとして種付けにきた牧場主も言っていた。

シンジケートの会員は必ず種付けしたし、会員でなくても付けたいと言ってくる牧場は多く、事務局には飛び込みの申し込みもたびたびあった。といってもまだ「安くておもしろい種馬」という評価で、三年めの種付け料も受胎を条件に五十万円である。人気があるといっても種付けにくるのは価格に見合った牝馬で、まだ有名な馬はすくなかった。

二〇一一年三月十四日、ヤナガワ牧場のシュガーハートが種付けにきた。ブラックタイドはいつものようにぱっと乗って仕事を終えたはずだが、工藤は相手がどんな牝馬だったか、よく覚えていない。

二〇一二年三月十日の夜、予定日よりちょっと遅れたが、シュガーハートはブラックタイドの仔を出産した。ふたりの従業員とこどもを取りだした梁川正普は股間を見て安堵した。

「ああ、男だ。けっこういい馬がでたな」

牡馬と比べて、牝馬はどうしても安くなってしまう。兄（ショウナンバッハ）もいい馬だったから「この繁殖はなかなか仔だしがいいな」と思った。

この年もヤナガワ牧場では預託馬を含めて三十五頭以上の仔馬がうまれていた。繁殖と仔馬の世話に、種付け、事務仕事もあって、この時期の牧場は多忙だ。だから血統名「シュガーハートの２０１２」の当歳のころの写真はほとんどない。

生まれたころはそれほど脚が長い感じはなく、バランスのとれた馬だった。一歳になると、横幅よりも背が高い印象になったが、牧場にいる間はけがも病気もなく健康そのもので、手がかからない馬だった。

ヤナガワ牧場では広めの放牧地で牡と牝の二組に分けて放牧する。放牧地にいる仔馬の数は多くなり、けがなどの怖さもある反面、自然と運動量が多くなる。そのなかでいつもマイペースでいる「シュガーハートの２０１２」を梁川は男馬では二番手ぐらいの評価をしていた。一頭ディープインパクトの産駒で出来のいい馬（重賞二勝のアレスバローズ）がいて、その次である。

なじみの調教師や馬主が馬を見にやってきた。しかし、生産馬名簿に記載された「シュガーハートの２０１２」の母系にはゴシック体で記される（重賞やリステッド競走で三着以内の実績がある）活躍馬はほかの馬と比べてすくない。シュガーハートも不出走で、産駒もまだデビューしていない。生産者としては「いい馬です」と積極的に勧めにくい血統だった。馬には自信があっても、見てもらう順番としてはどうしてもあとになってしまうし、自分が考えている値で買ってもらえるかどうかもわからない。

このまま馬の成長を待ち、一歳になったらせり市にでもだそうかと考えていたころ、北島三郎の関係者が馬を見にきた。気に入ったようで、いい評価をしてもらえた。むかしから父が世話になっていた馬主ということもあり、梁川はまずは北島の返事を待った。なかなか返事はこなかったが、もしだめだったときは自分の馬として走らせることも考えていた。ブラックタイドの産駒ならば、世話になっている馬主から怒られることもないだろう。

それからしばらくして、北島サイドから「馬を見に行きたい」と連絡がはいった。「シュガーハートの２０１２」は一歳の秋を迎えようとしていた。

第二話 成長

日高軽種馬共同育成公社

ふたりの男がいる。ひとりは牧場で、もうひとりはトレセンで、おなじ馬に乗っていた。ふたりが携わった馬はファレノプシスといった。

牧場でファレノプシスに携わった男は佐々木譲次という。大手企業のサラリーマンだった佐々木は、自社で制作した商品を販売するだけの生活に疑問をもち、故郷の静内に戻って馬の仕事をしようと思いたった。最初に働いたのは福山育成牧場という、タマモクロスを育てた牧場だった。そこで育成の仕事を覚えた佐々木は、新冠町のノースヒルズ（当時はマエコウファーム）に転職して育成担当マネージャーとなり、ノースヒルズが島根県に開設した育成牧場、大山ヒルズでも指揮をとった。海外研修にも行かせてもらい、世界の一流ホースマンに直に接することで競馬人として多くのことを学んできた。

ファレノプシスはノースヒルズが生産した最初のGI馬だが、体に弱い面があった。業界用語でいう〝すくむ体質〟(筋肉が硬直し、悪化させると動けなくなることもある)で、調教もままならなかった。ところが、栗東トレーニングセンターの浜田光正厩舎にはいると、二か月後には新馬を勝っている。それどころか、桜花賞馬となり、さらに秋華賞とエリザベス女王杯にも勝った。あの馬をGI馬に育てあげた浜田厩舎の調教技術に佐々木は驚かされた。

浜田厩舎でファレノプシスを担当していた男は清水久詞《ひさし》という。大阪のうまれで、佐々木よりひとまわり年下の調教助手である。

父の貞光はスプリンターズステークスに勝ったカルストンライトオなどの馬主で、幼少のころから競馬に接していた清水は「ひらがなよりも先にカタカナを早く覚え」、自分の記憶にはないが、幼稚園のときには「キシュニナリタイ」と七夕の短冊に書いたと父からきいている。

中学を卒業するときにはJRA競馬学校の騎手課程を受験したが不合格だった。それでも、騎手がだめならば調教師になると決めていた清水に将来にたいする迷いは微塵もなかった。高校を卒業すると、父が経営している育成牧場、WESTステーブル(滋賀県東近江市)で働きながら馬乗りの勉強をし、競馬学校厩務員過程を経て栗東の浜田厩舎にはいった。ビワハヤヒデが引退したあとである。

浜田厩舎では「持ち乗り」（厩務員の仕事をしながら調教にも乗る）としてファレノプシスを担当した。ファレノプシスは三つのＧＩに勝ったように能力は高かったが、問題の多い馬だった。若いころは逆体温（普通の競走馬は午前中は体温が低いが、それとは逆に、午後になると体温が下がる症状）に悩まされた。食が細く、脚元も心配事が多かった。〝すくむ体質〞はトレセンにきてからも改善せず、いつも注意しながらの調教だった。ファレノプシスは引退するまでずっと厩舎にいて、レースにでられないときも清水が面倒をみている。苦労はしたが、得がたい経験となった。

佐々木と清水は何度か顔を合わせていたが、あいさつをする程度の関係だった。調教助手の清水が牧場に行くことはほとんどなかったし、佐々木が馬について話をする相手はいつも調教師の浜田だった。それでもファレノプシスという名牝をとおし、おなじように悩み、苦労し、おなじ喜びを味わったふたりは、それから十年余の時間を経て、立場を変えながらまた一頭の名馬に出会うのである。

二〇一三年十一月十二日、北海道新冠町の育成牧場、日高軽種馬共同育成公社に門別のヤナガワ牧場から馬がやってきた。父ブラックタイド、母シュガーハートという血統の一歳牡馬で、馬主は大野商事、歌手の北島三郎である。

共同育成公社は十数年前から北島の馬を預かっていた。北島の所有馬は自家生産馬――牧場に預けている自分の繁殖牝馬が産んだ仔――が中心だが、ほかに毎年何頭か日高の牧場から仔馬を買っている。育成公社には地方競馬に行く馬も含めてひと世代の八割ほどが預けられている。一歳夏からの馴致（人を乗せて走られるようにする）にはじまり、トレセンや地方の各競馬場にはいるまでの育成調教をしている。

育成公社は一九七二年に新冠町の町営として開設された公共の調教施設で、日高地方の育成牧場の先駆けだった。開設当初は本格的な育成牧場はほとんどなく、中小の牧場や馬主にとって便利な施設だった。ところが二〇〇〇年代になって、厩舎にはいるまでのトレーニングがより重要視されるようになると、広大な敷地とりっぱな施設を有する軽種馬育成調教センター（浦河町）を利用する牧場や馬主が増え、民間の大手牧場も本格的な育成牧場を開設していく。そのあおりを受けた形で預託馬が激減した育成公社は、あらたに新冠町の牧場が出資する形で再スタートしているのだが、北島は育成公社が苦しいときでもずっと馬を預けてくれていた、ありがたい馬主だった。

悪いときには二十頭から三十頭ほどに落ち込んだこともあったが、新体制になってからは年間百頭ほどの仔馬がここで調教トレーニングされている。乗り手は十四人、厩舎作業員はパートを含めて十三人いる。人手不足は日高の牧場共通の悩みで、育成公社でもフィリピン人ライダーを四人雇っている。

二十馬房の厩舎が十一あり、半分の厩舎を貸しだしている。北島の馬がはいるのは「六番厩舎」である。ヤナガワ牧場からきたシュガーハートの息子もこの厩舎にはいった。担当するのは村上茂市。パンチパーマの一見すると強面で、口数もすくないが、根はやさしい好人物だ。勤続三十年になるベテランで、安心して馬を任せられる。「六番厩舎」では毎朝、仕事のはじめに演歌が流れている。

育成公社の馬は母親の名前で呼ばれることが多い。シュガーハートの息子は「シュガーハート」、略して「シュガー」である。馬を連れてきた大野商事の馬担当者は「ゆっくりやってくれ」と言った。北島の馬はだいたい時間をかけて育てていくケースが多く、トレーニングする側にとってもやり甲斐があった。

ほどなくして栗東トレーニングセンターの清水久詞調教師が馬を見にやってきた。基本的に北島の馬は育成公社にはいってから厩舎が決まる。このとき「シュガーハート」を見た清水の第一声は「大きいね」だった。はじめてこの馬を見る人は皆おなじことばを口にした。ただ、背は高いが細く、きゃしゃな印象があった。

浜田光正厩舎で調教助手をしていた清水は二〇〇九年三月に調教師の免許を取得している。最初の受験は三十歳のときで、三十六歳での合格だった。それからは海外研修を含めて勉強しながら開業する準備をしようと思っていたとき、突然、開業が決まる。三月二十日に安田伊佐夫調教師が亡くなったために、六月から厩舎を開くことになったのだ。このとき安田厩舎から移ってきた馬のなかにキタサンダーリンという三歳の牡馬がいた。北島三郎の馬である。

清水からすれば北島は雲の上のような存在である。馬の話は電話で担当者をとおしておこなわれるが、ありがたいことに北島はすべて清水に任せてくれた。キタサンダーリンが未勝利で終わっても、北島は清水厩舎に馬を入れてくれた。開業した年にうまれたキタサンパイロット（牡、二勝）から毎年一頭ずつ預かるようになっていた。

きゃしゃな感じはしても「悪くない馬」だった「シュガーハート」を管理することになった清水は、それからは何度も育成公社に足を運んでいる。ストライドが大きく、ゆったりとした走りをする馬だった。性格も落ち着いている。母の父は短距離馬のサクラバクシンオーだが、体つきからも千二百とか千四百メートルではないな、と清水は思った。二歳の夏から走らせるようなタイプの馬ではないから、じっくりと育てていこう。

不思議と清水厩舎は育成公社との相性がよく、厩舎で最初の重賞勝ち馬となったトウケイヘイロー（札幌記念など重賞四勝）やオープンクラスで活躍しているワキノブレイブも育成公社で調教されている。清水にすれば安心して任せられる育成場である。

当時、育成公社の現場を指揮していたのは場長の加納雅己である。いくつもの牧場で育成調教の経験を重ねてきた加納は、新体制になった育成公社を場長として復興させた功労者で、スタッフの信頼も厚い人物だった。しかしこのとき加納は闘病中で、病院と牧場を行き来しながら指揮をとっていた（加納は二〇一四年十二月二日に五十三歳の若さで亡くなり、「シュガーハート」が最後の調教馬となった）。

その加納をサポートしていたのが佐々木讓次である。ノースヒルズでファレノプシスなどに携わった佐々木は、その後、えりも農場で働いていたが、加納に誘われて二〇〇九年に育成公社の副場長に迎えられたのだ。活躍馬を輩出した牧場で培ってきたキャリアは競争の激しい育成業界では貴重な存在だった。

佐々木も「シュガーハート」には清水久詞とおなじ印象をもった。一歳馬だがすでに体重が四百八十キロほどある大きな馬で、脚が長く、背が高かったが、その割には薄い感じのする馬だった。「ゆっくりとやってほしい」という清水の要望に異存はなかった。ファレノプシスに携わったふたりの考えは一致した。

「シュガーハート」にとって運がよかったのは、前の年の七月にあたらしい坂路コースが完成していたことである。従来の坂路コースは六百五十メートルと距離も短く、コーナーもきつかった。あたらしい坂路は最大高低差が二十五メートルで、スタートして最初の三百メートルまでが三パーセント、三百から六百メートルまでが四パーセント、そして六百から八百メートルが二パーセント余の勾配があり、坂をのぼりきった先には千二百メートルのダートコースがある。完成して一年が過ぎて調教スタッフも新コースを使いこなせるようになっていた。

「シュガーハート」に乗っていたのは草野大地といった。仕事仲間から「タロー」の愛称で呼ばれていた──「大地」が「太郎」に転じて付けられた──草野は調教の腕には定評があった。その調教を撮った写真が残っている。二歳十月の坂路調教である。「タロー」を乗せた「シュガーハート」は砂を蹴り上げながら坂を登っている。まっすぐ前に向けられた草野の視線と馬の姿から息の合ったコンビだということがよくわかる。

調教を見ていた佐々木は、ほんとうにうれしそうに走る馬だな、と思った。写真が撮られた時期には同期生のほとんどが競馬場やトレセンへと巣立っていき、育成公社に残っている二歳馬は数えるほどだった。併せ馬はできなかったが、「シュガーハート」はほかの馬が横にいようが一頭で走ろうが、いつも自分のペースで走っていたいという馬だった。

ゆっくりと育成された「シュガーハート」は一年間育成公社にいたが、ファレノプシスとは対照的でまったく心配事のない馬だった。ちょっと疲れがでて休ませたことはあっても、熱をだすとか、風邪をひくとか、脚に問題が生じるとか、そういうことはいっさいなかった。一年間在籍して治療歴がないという、きわめて健康な馬だった。

性格はおとなしく、のんびりしていた。大物なのか、物怖じしないのか、村上茂市が気がつくといつも寝ていた。寝ている時間の長い馬だった。変なところで寝るなよと、村上が起こそうとすると怒った。もうちょっと寝かせてくれよ。馬はそう言っていた。「寝る子は育つ」ではないが、体はどんどん大きくなっていた。食べたぶんだけ背が伸びる。大げさでなく、そんな印象のある馬だった。

育成公社にきたときは百六十四センチだった体高（馬の身長。脚元から鬐甲《きこう》と呼ばれる首の付け根の突起までの高さ）は百七十センチまで伸び、体重は四百八十四キロから五百四十四キロに増えた。胸囲も百八十三センチから百九十センチと大きくなっている。

しかし背が高いせいか、胸元の薄さがめだった。ゆっくりと成長している段階でまだ筋肉もすくない。馬を見て「一、二勝はできる」とは思った佐々木にＧＩのイメージは湧かなかった。

第二の育成牧場

京都府の東南部、滋賀県に隣接する宇治田原町の山間部に宇治田原優駿ステーブルがある。名神高速を使えば栗東トレーニングセンターから車で四十分ほどで行ける、夏でも比較的涼しい、競走馬の休養にも適した場所である。

宇治田原優駿ステーブルは京都で建設会社を営む八木良司が所有する育成牧場である（代表は次男の八木秀之）。「タガノ」の名で馬を走らせている八木は新冠タガノファーム（北海道新冠町）で生産もしているオーナーブリーダーで、二〇〇二年に現役競走馬のトレーニング施設として優駿ステーブルを開設したのだ。

牧場は鉄工場の跡地につくられた。工場内の機械を取り払い、組み立て式の馬房を入れてつくられた厩舎は天井が高く、通気もよく、開放感がある。牧場の敷地面積は十六ヘクタール。内外ふたつの坂路コースのほかにダートとウッドチップのトラックコースがある。坂路コースのコーナーはきついが傾斜もあり、じゅうぶんな負荷をかけられる。

常時三百頭を超える競走馬がここで調教されている。そのうちオーナーの八木の馬が五十頭ほどいる。乗り手は約六十人。大学の馬術部出身や地方競馬で騎手をしていた腕達者もいるが、まったく馬に乗ったことがなかった者もすくなくない。ここで馬乗りの勉強をし、トレセンに就職していく青年も多い。日高軽種馬共同育成公社で調教されていた「シュガーハート」は二歳の十一月十六日にやってきた。まだ正式に登録はされていなかったが、キタサンブラックという名前になることは決まっていて、優駿ステーブルのスタッフには「ブラック」と呼ばれている。

清水久詞は厩舎を開業した二〇〇九年から優駿ステーブルに馬を預けている。最初に預けたのは八木と親交のある馬主の二歳馬だった。それからは日高の牧場で生産された馬を中心に数頭、多いときには十頭ほどの馬を預けている。清水厩舎の最初の重賞勝ち馬トウケイヘイロー（札幌記念など重賞四勝）もここでトレーニングされた。

優駿ステーブルでは基本的に調教師単位で馬を預かっていて、八木の馬がはいる厩舎とは別に預託馬の厩舎が八つある。厩舎はそれぞれ二十数頭で区切られている。清水厩舎の馬を預かる厩舎の責任者（厩舎長）は田辺滋久《しげひさ》という。牧場での肩書きは調教主任である。

田辺はここにくる前は社台ファームにいた。社台では事務局で馬主や調教師、マスコミの応対などをしていた。その経験を生かして二〇〇五年にフリーランスのレーシングマネージャーとして独立した田辺が、優駿ステーブルで仕事をするようになったのはちょっとした偶然からだった。社台を退職する前日、たまたま牧場にきていた八木良司にあいさつすると、

「それなら、わしのところに来いや」

と、誘われたのだ。京都につくった育成牧場を手伝ってほしい、と八木は言った。田辺は京都市内の出身で、栗東トレセンにも通いやすいという理由で宇治市に家を建てていたのも好都合だった。

優駿ステーブルは二〇〇二年の開設だが、田辺がきた二〇〇五年は本格的に動きだして一、二年というときだった。調教されている馬は八木の所有馬が約三十頭で、預託馬は十数頭しかいなかったが、「タガノ」の馬が活躍しだすとたちまち評判となり、馬を預けたいという調教師や馬主が増えていった。当面の目標だった百頭はすぐに超え、その三倍もの馬を預かる人気育成場となった。

調教師や馬主のレーシングマネージャーの仕事をする一方で、優駿ステーブルの調教主任となった田辺はふたつの厩舎を任され、十六人のスタッフをかかえている。フリーランスで契約している田辺には結果がすべてである。それだけスタッフへの要望は多くなるが、みんな高いモチベーションをもって働いてくれている。田辺のもとで馬に乗っていた三人の青年が——これもまた偶然なのだが——清水厩舎で調教助手となった。かれらを「田辺チルドレン」と呼ぶ人がいれば、田辺の厩舎を「田辺塾」という人もいる。

さて、北海道からやってきたキタサンブラックをはじめて見た田辺滋久もまた「でかいな」と思った。大きいけれど、胸幅が薄く、ひょろりとした感じの馬だった。馬を見ると、だれもがおなじ印象をいだく。

すでに二歳の十一月半ばである。クラシック候補と評判の馬が次々にデビューして勝ちあがっていた。キタサンブラックは北海道でじっくりと乗り込んでいたが、それでもまだ体は緩い感じだった。印象では時間がかかりそうだった。調教する側が早く求めても身にならないし、走る気持ちを削いでしまうことになる。馬に合わせて調教しようと田辺は思った。血統はスプリンター色が強かったが、体型はステイヤーで、走らせてみると、飛びが大きく、ゆったりとした走り方をする。短距離馬とかマイラーでないのはあきらかだ。

最初は時間がかかりそうだと思ったが、調教は思いのほか早く進んだ。来て三週めには「十五―十五」（二百メートルを平均十五秒のペースで走ること）ができた。時間がかかる馬だと一か月でもキャンター（二百メートルを十八秒ほどで走る駈け足）までだったり、早い馬でも「十五―十五」ができるには一か月ぐらいかかる。

田辺と清水の間に暗黙の約束事があった。トレセンにはいった翌週にはゲート試験を受けて合格するところまで馬を仕上げることだ。「どう?」「いいですよ」という会話はそのレベルを念頭に置いてする。キタサンブラックはゲート練習も前倒しではじめていた。

清水はデビュー前の馬に関しては優駿ステーブルに任せている。毎日馬を見ているプロフェッショナルなのだ。「そろそろいいですよ」と言われてから厩舎に連れてくるのがいつものやり方だった。

急勾配の坂路でしっかりと乗られていたキタサンブラックの調教は急ピッチで進んだ。「十五―十五」を五本ほどこなし、「十四―十四」という速いタイムでも走っていた。田辺のなかではあと二週間ぐらい調教をやって、ゲート練習も消化すれば、年末か年明けぐらいにはトレセンに行けるなという青写真ができていた。そのとき、清水から連絡がはいる。

「ちょっと早いですが、ちょうど馬房が空いたので、入れたいんですが、どうですか。もう時期も時期ですし」

「飛びの大きいキャンターで、いい格好ではあがってきます。キャンターチャンピオンじゃないですか」

「キャンターチャンピオン」とは普通のキャンターではいい動きをしながら、速いタイムで走らせると動きがばらばらになってしまう馬のことを言う。野球の「ブルペンピッチャー」に似た表現だが、もちろん田辺の冗談である。それぐらいキャンターの動きは抜群だったし、予定より早くトレセンに行くことになったが、上々の調教ができていた。短期間だったが、調教を見た感触では「二、三勝はできる」馬だと田辺は思った。ただし、坂路を勢いよく駆けあがってくるスピードタイプではないから、新馬戦から勝負になるとは思っていない。

キタサンブラックが栗東に行ってしばらくして、清水から電話があった。

「いやあ、いいキャンターをしますよ」

と言い、あかるい声でつづけた。

「(調教を)やればやるほど、馬が良くなってくるんです」

清水久詞厩舎

栗東トレーニングセンターの清水久詞厩舎にはいったキタサンブラックは、デビューに向けて順調に調教を進められていた。十二月十八日にはじめて栗東の坂路で調教をおこなっている。

キタサンブラックはのちに「清水式ハードトレーニング」といわれる調教で鍛えられて強くなっていくのだが、それを可能にした裏には獣医師の清水靖之の存在がある。清水久詞の五歳年下の弟である。兄は調教師として微妙な判断が必要なときには弟に意見を求め、弟は獣医師としての考えを率直に伝えた。兄弟ならではの連係である。

清水靖之はこどものころから体が弱く、入院していたときに世話になった医師を見て、将来は医者になろうと思った。それが獣医師に変わったのは、元々動物が好きだったこともあるが、高校生のときにペット——清水家ではたくさんの動物を飼っていた——が事故などでたてつづけに死んだことがきっかけになった。日本大学の獣医学部に進み、最初は犬猫の小動物をやろうと考えていた。しかし、競馬の社会にいた兄の影響もあり、大学の研究室にいた馬に接した靖之は、そのまま馬の獣医師となった。

獣医師の免許をとると、兄が調教助手をしていた浜田光正厩舎の担当をしていた池田正二という開業獣医師に弟子入りする。フジキセキやジャングルポケット、テイエムオペラオーなどを診察してきた池田のもとで十年間馬を診て歩き、池田が辞めると、そのまま栗東トレセン内に「シミズエクワインクリニック」を開いた。キタサンブラックが兄の厩舎に来る二年前のことだ。

キタサンブラックをはじめて診察したときの印象はほかの人とおなじだった。大きいけれど、全体に細く、きゃしゃな馬だと思った。全身を触診し、聴診器をあて、歩様などをチェックした。筋肉の柔らかい馬だなと思った。

「心臓はどうですかね」

と、たずねる担当厩務員の辻田義幸に、靖之は淡々と答えた。

「まだ、かわいい心臓だね」

体は大きくても、二歳馬らしい小さな音だった。鍛えられた古馬の心臓はバクン、バクンと大きな音がするが、キタサンブラックの音はまだまだかわいいものだった。

ところがおもしろいことに、追いきった日に聴診器をあてると、それなりにいい音をだすのである。平静時は「かわいい音」だった心臓が激しい運動をしたあとは「いい音」になる。心臓の音が競馬に直結するわけではないが、いわゆる「息の戻り」がいい馬なのだ。追いきった日はしっかりと心臓を使って全身に血を送っているのである。心臓の音が強い馬は一般にスタミナがあると言われているが、追いきった日のキタサンブラックの心臓がまさにそうだった。

清水久詞がはじめて育成公社で見てから一年余。成長はまだまだゆっくりとしていたが、年があけて三歳になると、清水はデビュー戦に向けてのプランを練っていた。脚の長いキタサンブラックはストライドが大きな、きれいな走りをしていた。逆に言えば、器用さはないように見えたので、デビュー戦は広いコースがいいと思った。

距離は長めがいいと思っていた。血統は短距離かもしれないが、千二百メートルはキタサンブラックには忙しすぎる。エンジンもゆっくりかかるタイプで、スタートから飛ばしていく馬ではない。

清水は弟に相談した。獣医師としての考えを求めたのだ。「どう思う」という兄の問いに弟は率直に意見を述べる。

「どちらかというと、千二百とか千四百じゃなく、中距離から使ったほうがいいんじゃない。血統が短距離だからといって、この子にわざわざ忙しい競馬を覚えさせる必要があるのかな」

「おれもそう思う」と兄が言う。兄弟の考えは完全に一致した。

血統にこだわる人ならばまずは短距離戦からスタートさせるだろう。予想するマスコミも馬券を買うファンもそう考える。しかし清水は中距離を選択した。

デビュー戦は広いコースがいいということで京都も考えたが、オーナーの北島三郎は東京在住である。清水はキタサンブラックのデビュー戦を東京の千八百メートルに決めた。連絡を受けた北島も最初は驚いたが、清水の考えを理解し了承してくれた。


キタサンブラックは人々の予想を簡単に覆していった。新馬戦は後方から外をまわりながら追いあげ、二戦めは二番手を進んで直線で抜けだしてきた。三番人気、九番人気の評価をあざ笑うかのように東京の千八百、二千メートルで完勝したのである。二着はともにディープインパクトの産駒だった。

二〇一五年三月二十二日。キタサンブラックはクラシックの出走権をかけてスプリングステークスに出走する。

出産や種付けで忙しい時期だったが、ヤナガワ牧場からは場主の梁川正普が日帰りでかけつけた。育成公社からは業務課長の漆原和幸がスタッフ二名とともに応援幕を持ってやってきた。

この日も五番人気と評価は低かったが、キタサンブラックは強かった。二番手を進んで四コーナーをまわって先頭に立つ正攻法のレースでそのまま押しきった。首差の二着に追い込んできたのは一番人気のリアルスティール。三着は二歳チャンピオンで二番人気のダノンプラチナである。ブラックタイドの息子はみたびディープインパクトの産駒を破り、クラシックの有力候補となった。

北島三郎はよろこびを隠すところなく現した。馬主になって五十年になろうとするときに三連勝でクラシックに向かう馬が登場したのだ。表彰式が終わって取り囲んだ記者たちから「皐月賞に勝ったら、うたいますよね」と水を向けられると、うれしそうに言った。

「そうだね！　つぎに勝ったらもう、皆さんの前でうたうよ」

第三話　戴冠

異能の菊花賞馬

ふたりのスターがいる。ひとりは日本一の歌手で、もうひとりは日本一の騎手である。ふたりはキタサンブラックではじめて、馬主と「主戦騎手」という形で並んで立った。

二〇一五年の春。北島三郎は歌手人生のひとつの節目を迎えていた。二〇一三年の年末には五十回出場したＮＨＫ紅白歌合戦の勇退を決め（二〇一八年に特別企画で出演）、一五年一月には四十六年間、四千五百七十八回つづけてきた座長公演に幕をおろした。芸能人生にひとつずつ線を引いていきながら、ちょっとの間だけ本名の「大野穣」に戻ってのんびりやっていこうかなと思ったとき、キタサンブラックが現れた。

すこし休みなよ、今度はおれが頑張ってやるから——。

北島にはキタサンブラックがそう言ってくれているように思えた。

ヤナガワ牧場でキタサンブラックをはじめて見たとき「きらきらした、いい目をした馬だな」と思った。馬主になって最初に持った馬、長男の名前をつけたリュウもきれいな目をした馬だった。五十年も馬主をしてきた北島には自分なりの馬の見方がある。まず最初に全体を見て、脚を見て、皮膚を見る……。それでもやっぱり、一番先に目がいくのは顔である。きれいな目がキタサンブラックを買う決め手となった。

そうやって選んだ馬でも、やがて手放すときがくるが、北島は、牝馬は牧場に帰すか自分の繁殖牝馬として知り合いの牧場に預け、牡馬は中央がだめなら地方で走らせ、引退すれば乗馬クラブなどに譲渡するようにしている。キタサンブラックが育成された日高軽種馬共同育成公社の近くにはホロシリ乗馬クラブがあり、皐月賞馬ヴィクトリーらが乗用馬となっているのだが、「キタサン」の馬も二頭いる。ここから馬を借りてきて、育成公社の新人たちが練習をしている。

そんな馬主だから、北島は自分の牝馬の系統をたいせつにしてきた。たとえば地方の大井競馬場で四勝したキタサンクインの子や孫からはキタサンフドー（三勝、小倉三歳ステークス二着）、キタサンチャンネル（四勝、ニュージーランドトロフィー）、キタサンヒボタン（五勝、ファンタジーステークス）、キタサンサジン（ブラックと同期で五勝。大井・東京スプリント）などの活躍馬がでている。「キタサン」の看板牝馬、クインの祖母はタケユタカといった。

九年連続を含み、十八度ＪＲＡのリーディングジョッキーに輝いた武豊は、二〇〇九年以降は首位に立てていない。時代は確実に変わっていた。地方競馬のトップジョッキーが中央入りし、外国人騎手もやってくる。さらに若手騎手の活躍もあり、以前のように有力馬が武に集中することはなくなっていた。自分では年齢面での衰えはまったく感じていないが、気がついたらデビューして三十年になり、五十歳の声もきこえてきた。

それでも武には圧倒的な存在感があった。リーディングジョッキー争いからは遠ざかったが、二〇一三年にはキズナで五度めの日本ダービーを制した。一五年にはヤナガワ牧場産のコパノリッキーで二年ぶりに中央のＧＩに勝ち、六年ぶりに百勝台（百六勝）にのった。武が乗っているだけでレースが華やいだ。

武が北島三郎の馬に乗る機会は案外すくなく、乗っても一、二戦の騎乗だった。最後に乗ったのは二〇一二年七月で、それまで八頭に乗って十一戦し、二〇〇二年にキタサンチャレンジという馬で一勝している。勝てなかったが、タケユタカの血をひく馬も三頭（五戦）乗っていた。

キタサンブラックがクラシックを戦った二〇一五年、武豊は三度おなじレースで騎乗している。二月の条件戦、ダービー、そして菊花賞。自分が乗った馬はすべて二桁着順で、武は前を走っているキタサンブラックをライバルというよりもファンに近い気持ちで見ていた。格好いい馬、というのが率直な印象だった。その馬に、まさか自分が乗れるとは思っていない。

馬って、こんなに変わるものか、と黒岩悠は驚き、感心した。

ダービーで十四着に負けたあとは北海道の日高軽種馬共同育成公社で英気を養ったキタサンブラックは、京都の宇治田原優駿ステーブルに移って調教を積まれてきた。栗東トレーニングセンターの清水久詞厩舎に戻ったときには大きな体がさらに大きくなっていたが、筋肉はまだまだ緩かった。調教をしてもなかなか良くならず、セントライト記念前の追いきりのあと黒岩は清水に言った。

「先生、今回はちょっと厳しいかもしれないですよ」

そんな状態でもキタサンブラックはセントライト記念に勝った。しかも完勝だ。それにまず驚いたが、黒岩がほんとうにびっくりしたのは翌週の調教だった。セントライト記念のときとはまるで別の馬だった。こんなに短い期間でこれほど良くなった馬を見たことがない。

黒岩はキタサンブラックのデビュー前から調教に乗っている。立場はフリーのジョッキーで、障害戦を中心に乗っていたが、六年ほど前から清水厩舎の調教を手伝っていた。二〇〇二年に騎手デビューした黒岩は二年めには十七勝した。ところが落馬事故のけがが重なり、タイミングが悪く「減量」(当時は三年未満・百勝以下の騎手の負担重量が軽減される特典)もなくなると、乗る馬は年々減っていった。そんなときに開業して間もない清水厩舎が調教を手伝ってくれる騎手を探していると人伝《ひとづて》にきいた。それまで清水とは縁がなかったが、調教であっても馬に乗れることがうれしかった。

清水にとっても黒岩は欠かせない存在になった。馬に負担がかからないようにソフトに乗る、いわゆる〝あたりの柔らかい〟騎手で、指摘どおりに、ていねいに乗ってくれる。判断も的確で、黒岩のジャッジには全幅の信頼をおいている。

キタサンブラックにはじめて乗ったとき、黒岩は「緩いな」と思った。体格にたいして筋肉がまだついていなかった。ただ、ポテンシャルの高さは感じた。

「後々、成長したらけっこうやれるんじゃないですか」

厩務員の辻田義幸にそう言ったことを覚えている。血統を知らずに跨がったときの印象は長距離タイプだった。脚が長く、ゆったりとした大きな走りをした。すくなくとも短距離馬ではなかった。

それからおよそ十か月。ひと夏の成長とセントライト記念の勝利を経て、キタサンブラックは大きく変わった。元々長距離馬だと思っていたし、なにしろ体調がよかった。菊花賞の三千メートルはまったく心配していない。普通に勝負ができるはずだと黒岩は思った。

二〇一五年十月二十五日、菊花賞。キタサンブラックは五番人気だった。皐月賞は二番手でレースを進めて三着に踏ん張ったが、ダービーはハイペースに巻き込まれる形で大敗していた。この敗戦が評価を下げる要因となった。母の父がスプリンターのサクラバクシンオーという血統を根拠に、評論家や予想記者は距離不安を声高に唱えていた。

しかし、キタサンブラックの関係者に距離に不安を感じる者はひとりとしていなかった。馬体や走りからも、三千メートルという距離が原因で負けることはないと思っている。北島

も取材を受けると、

「おれの馬はサクラバクシンオーじゃない。キタサンブラックだ」

と語っていた。負けるとすれば実力、相手が強かったときだ。

はたせるかな、キタサンブラックは菊花賞に勝った。出入りの激しい先行争いを見るように中団の前でじっと我慢し、直線では内をついて抜けだしてきた。騎手の北村宏司の冷静な判断が光った。

菊花賞はキタサンブラックに関わる男たちに初めてのよろこびをもたらした。北島三郎もヤナガワ牧場も、育成公社も宇治田原優駿ステーブルも、意外なことに「千勝騎手」の北村も、調教助手のときにはファレノプシスで桜花賞に勝った清水久詞は調教師として、みんながはじめてのクラシック優勝だった。

ノースヒルズの育成マネージャーだったときにはファレノプシスなどで何度もＧＩ優勝を経験していた佐々木譲次にも、この菊花賞はとくべつなものになった。当日、育成公社からは業務課長の漆原和幸と三名のスタッフが応援に行ったが、佐々木は自宅でテレビを見ていた。キタサンブラックが一着でゴールインすると電話が鳴った。電話にでたとたん、もうだめだった。涙があふれた。「手を貸してくれないか」と言って自分を育成公社に誘ってくれた前場長、加納雅己はキタサンブラックを送りだしてすぐに亡くなっていた。代わって場長となっていた佐々木はこの仕事に就いてはじめて、レースで泣いた。加納のことを思うと、涙がとまらなかった。

そのころ北島三郎は念願だった表彰台の上にいた。馬主になって五十年。ようやくクラシックを手にしたのだが、菊花賞に勝った以上のよろこびと感動を感じていた。

「サブちゃん、おめでとー！」

スタンドからはたくさんの祝福の声がとんだ。このなかにはキタサンブラックの馬券を買っていない人も多いはずだ、と北島は思った。馬券が外れた人たちも「おめでとう」と祝福してくれていた。その声を聞いているとうれしくて涙がでそうだった。北島は言った。

「おれ、公約したんですね」

大きな歓声が沸いた。スプリングステークスのときに北島が言ったことをファンはみんな知っている。

「うたうよ」

そう言って、北島は「まつり」をさびのところから歌いだした。最終レースもあるのでワンフレーズだけ。皆さん、ありがとう、と感謝の思いを込めて。

まつりだ　まつりだ　まつりだ　キタサンまつり／おれもドンとまた頑張るよ／これが競馬のまつりだよ

「キタサン」の武豊

菊花賞に勝ったキタサンブラックは有馬記念に向かったが、ひとつ問題が生じる。主戦騎手の北村宏司が左膝の痛み（左膝関節炎）で騎乗できなくなったのだ。このときは「ピンチヒッター」として横山典弘が乗り、逃げて三着に粘った。負けはしたが、四番人気の三歳馬としては納得の結果だった。

有馬記念のあとはいつものように宇治田原優駿ステーブルで調整されたキタサンブラックは、春の初戦に予定していた大阪杯の一か月ほど前に栗東トレセンに戻った。しかし、北村の復帰が予定よりも遅れていた。横山は大阪杯でアンビシャスに乗るために、清水はあらたに騎手を探さなければいけなかったが、運良く武豊が空いていた。武にはトウケイヘイローをはじめ何度も乗ってもらっていた。清水はオーナーサイドに確認した。

「豊さんが空いているので、お願いしたいんですが」

「空いているなら、ぜひ」

北島三郎は基本的に騎手は調教師に任せているし、なによりも武豊に乗ってもらえるのはありがたい。

武豊はキタサンブラックにだれが乗るのか気になっていた。自分にオファーがくれば嬉しいな、とも思っていた。おなじレースで乗っていて、脚が長くて格好いい馬だと思っていた。

好きなタイプの馬だった。だから、清水から騎乗依頼を受けたときの気持ちをひとことで表せば「よっしゃ！」だった。武ほどのジョッキーでも、乗りたいと思っていた馬に乗れるときのよろこびはシンプルで純粋だ。

武とキタサンブラックがはじめてコンビを組んだ大阪杯は逃げて二着だった。ゴール寸前で横山典弘のアンビシャスに首差抜かれた。

北村宏司は大阪杯の週に復帰し、中山で騎乗して二勝していた。その翌週には清水久詞厩舎のアカネイロに乗って勝った。しかし膝の調子が芳しくなく、あらためて手術することになる。当初、清水の頭のなかには復帰すればキタサンブラックに乗ってもらう考えがあったが、天皇賞も武に依頼することになった。もちろん、武も快諾した。

武豊の二度めの騎乗となった天皇賞では、一番人気こそ有馬記念馬ゴールドアクターに譲ったが、キタサンブラックは完璧な走りをみせた。一番枠から好スタートをきって先頭に立つと、そのまま三千二百メートルを逃げきってしまった。

武は乗っていて気持ちのいい馬だと思った。なにしろスタートがいい。レース中もいいリズムで、いい雰囲気で走っていた。すんなりと主導権を握り、自分のペースで走れる。仮に競りかけてくる馬がいても、先に行かせて二番手でも三番手でも控えられる。それがキタサンブラックの強みだった。

この勝利でキタサンブラックは武豊が主戦となった。

北村宏司には清水厩舎の馬が関東に遠征するときによく乗ってもらっていた。まじめで、千勝もしているのに、かれほど腰の低い騎手はいない。乗ってもらうときは俗に言う〝テン乗り〟で、レースではじめて跨がる馬が多いのだが、一頭一頭真剣に乗り、レースが終われば、どんなに着順が悪くても、きめ細かく説明してくれる。キタサンブラックもうまく乗ってくれていたが、馬は一頭で、乗る人もひとりだ。勝負の世界だからこればかりはしかたがない。北村なら理解してくれるはずだ、と清水は思った。

宝塚記念のキタサンブラックはファン投票では一位になったが、レースは二番人気で三着だった。ターゲットとなる形で逃げて最後は五歳牝馬のマリアライトと、同期の二冠馬ドゥラメンテに敗れた。それでもタイム差はなかった。そのレースぶりに、武豊ははじめて乗ったときとは違う感覚をいだいた。あきらかに力強さがでていたのだ。

四歳の秋。キタサンブラックはさらに強くなっていた。ジャパンカップの前哨戦、京都大賞典では二番手を進んでしっかりと勝った。育成公社ではじめて見たときから「ゆっくりとやっていく」と決めた清水久詞の方針が功を奏し、おだやかな成長曲線を描きながら確実に馬はよくなり、強くなっていた。

ずっと調教に乗っている黒岩悠はそれを直に感じていた。ジャパンカップの追いきりのあと、厩務員の辻田義幸から馬の状態をきかれると、

「きょうは九十五点ぐらいかな。ほんま具合がいいですよ」

と答えている。黒岩はあまり馬をほめない。お世辞を言わない、信頼できる男だから、辻

田はほんとうに馬の状態がいいんだと思った。黒岩がこれほど高い点数をつけるのはめずらしい。

実際、キタサンブラックはよくなっていた。おとなになって、風格がでた。無駄な肉がそげ落ち、必要な筋肉がつき、完成形になってきた。これで負けたらしかたない、と黒岩は思った。

ジャパンカップ当日、黒岩は東京競馬場にいた。前日、東京の障害レースに乗り、日曜日は騎乗レースがなかったためにそのまま一泊し、キタサンブラックの応援だけのために残った。

ところが黒岩はレースをスタンドで見ていない。自分のレースではそんなことはないのに、応援する馬の走りは心臓がどきどきして見ていられないのだ。だから、この日もジョッキールームのテレビで見ていた。祈るような気持ちで画面を見つめる黒岩は、声もでなかった。

東京競馬場には梁川正普の姿もあった。学生時代はダービーとジャパンカップは必ず東京競馬場に行った。すごいな、こんな馬がいるんだな、と当時のスターホースを間近で見て感動した。そのジャパンカップにいま、自分が生産した馬が日本のエースとして出走するのだ。うれしさと、馬がどこか遠くに行ってしまったような、不思議な感覚もおぼえた。

梁川はGⅠのパドックではいつも生産者の目になる。自分が生産した馬に勝ってほしいし、緊張もするのだが、すばらしい馬をたくさん見られ、生産者として勉強にもなる。

武豊は自信に満ちていた。春にはじめて乗ったときと比べて格段によくなってきている雰囲気があった。歩き方からして、力強さがぜんぜん違っていた。

レースは一番人気馬にふさわしく、正攻法で、受けて立った。いつものようにいいスタートから先頭に立つと、大きなストライドでゆっくりと逃げていく。楽に逃げさせてもいけないし、競りかけていけば共倒れとなる危険もある。後続の馬は動くに動けないまま四コーナーをまわって直線に向き、スパートしたキタサンブラックがそのまま突き放した。二着とは二馬身半差。完璧な勝利だった。

武はあらためてキタサンブラックのすばらしさを知った。なにかが突出しているわけではないが、とにかく総合力の高い馬だ。ゲートをでるのが速い。機動力もある。ゴーサインをだすとすぐに反応し、待てといえば待つ。東京の二千四百メートルが一番合いそうだなと思っていたが、この感じならば、ダートでもマイル戦でも、どこでもやれそうだ。安田記念を追い込んで勝つイメージすら湧いた。

キタサンブラックの活躍は日高地方の牧場に元気と潤いをもたらしていた。シュガーハートに種付けしたときには「安くておもしろい種馬」だったブラックタイドの種付け料は高騰し、公示価格も五年前の数倍になった。大手牧場から有名な牝馬も種付けにくるほどで、うまれた仔馬にはバイヤーも注目していた。

ジャパンカップの表彰式がはじまる前、遠藤幹（サラブレッド・ブリーダーズ・クラブ常務）の携帯電話が鳴った。

「来年、ふたつ頼むね」

電話は日高の生産者からで、来年春のブラックタイドの種付け申し込みだった。生産界はレース結果に敏感で、反応も早い。一緒に競馬場にきていた営業部長にも種付け予約の電話がかかっていた。

三つめのGI優勝となった北島三郎にとっては格別の勝利だった。転倒して頸椎を傷め、手術をしたのは九月だった。それから二か月余、リハビリを受けながらすこしずつ仕事もはじめていた北島は表彰式に元気な姿を見せた。

「きょうは泣きました。涙ぼろぼろでした。それで、おれ、うたわないわけにいかないでしょう」

菊花賞、天皇賞と関西では二度うたった「まつり」が関東ではじめて響いた。

「これが日本の競馬だーよー」

並んで手拍子をしている武は、役得だな、と思っていた。「日本一の歌」をすぐ横にいて聴けるのだから。

武にとってもキタサンブラックでの勝利はとくべつなものだった。ファンはもちろんだが、勝つと関係者からの祝福が多いのだ。騎手仲間だけでなく、調教師、厩舎スタッフ、いろんな人たちからの祝福の声をきくたびに、武は、自分が任せられている役割の重さを感じていた。

ハードトレーニング

二〇一七年。キタサンブラックはチャンピオンとして戦うシーズンを迎えた。有馬記念はサトノダイヤモンドの二着に負けたが、一年間トップ戦線で戦い、ふたつのＧＩに優勝したことが評価され、二〇一六年の年度代表馬に選出された。

いつもの調整地、宇治田原優駿ステーブルに戻ったのは一月四日だった。ドバイに遠征する可能性も残っていたために、有馬記念のあともずっと厩舎で過ごしていたキタサンブラックのテンションはまだ高かった。調教主任の田辺滋久は一月いっぱいは馬をリラックスさせることを優先して調教することにした。

二月になると清水厩舎のハードトレーニングに対応できる体をつくることを主眼において調教されている。強い調教に耐えられる体力をつけながら、かつ温存もしなくてはいけない。そのさじ加減がむずかしいが、厩舎と育成牧場の信頼関係があるからできることだ。

三月二日、キタサンブラックはいい状態で清水厩舎に帰ってきた。強い調教をはじめても馬に疲れた感じはなく、けろっとしていた。鍛えれば鍛えるほど逞しくなり、強くなるキタサンブラックを見ていると、清水はまだ調教が足りないのかなと思う。もうちょっと調教を増やしてみようか――。それは前の年から考えていたことだった。

中学時代、大阪では知られた強豪陸上部の長距離選手だった清水は「トレーニングは疲れないと意味がない」と考えている。疲れてはじめてトレーニングになるのだ。そして、体をしっかりとケアをし、食べるものを食べさせてあげて、疲れをとってあげて、またつぎのトレーニングを積む。清水厩舎はよくハードだと言われるが、清水にすれば「強くなるためのトレーニング」なのだ。

ましてや初戦に予定している大阪杯はことしからGIとなった。トップクラスの馬が最高の状態で挑んでくるレースには、手ぬるい調整では勝てない。清水には「一度使って」などという考えはない。キタサンブラックは年度代表馬として見られているのだ。清水はあくまでも結果にこだわっていた。

それにキタサンブラックはハードな調教をしようと思えば無理なくできる馬だった。性格は落ち着いていて、普段から苛々することもない。すこし強い調教をしても、食べられなくなったり、体が細くなったりしない。体が柔らかいから、故障のリスクもすくない。

いまのこの子だったらハードな調教をしても大丈夫だろう——。

そう判断した清水は調教の量を増やすことにする。有名になる「坂路三本」のプランを北島サイドに伝えると、

「お任せするよ。頑張ってくれよ」

と、了承してくれた。キタサンブラックほどの名馬でも自由に調教させてくれるところに北島三郎という人の懐の深さを清水は感じる。調教師にとってはありがたい馬主である。

三月四日。清水はキタサンブラックに坂路コース三本の調教を施した。

調教が終わって、弟の清水靖之獣医師が診察した。「どう?」ときいてくる調教師の兄にたいし、「大丈夫だよ」と答えながら、靖之は「とうとう、やったか」とも思った。いつかやるだろうとは思っていたが、実際にやると弟でも驚く。

ただ、キタサンブラックに限れば、持ってうまれた筋肉や関節の柔らかさ、体質の強さなどがあってあの強い調教に耐えられるのだろうが、獣医師としての私見だが、調教で乗っている黒岩悠の存在も大きいのでは、と靖之は思っている。キタサンブラックだけでなく、黒岩が乗っている馬は筋肉の付き方に癖がないのだ。乗り手の癖は馬の筋肉に現れやすいから、黒岩はバランスよく、柔らかく乗っているのだろう。それが故障のリスクを下げている理由のひとつではないかと靖之は考えるのだ。

ハードなトレーニングを施されたキタサンブラックは大阪杯を楽勝した。五歳になってもなお進化をつづけている馬は、有馬記念で負けたサトノダイヤモンドとの再戦となった天皇賞では、さらに驚愕の走りをみせるのである。

一年前の天皇賞は「展開に恵まれた」などと批評する人もいたが、この年は有無を言わさぬ勝利だった。ハイペースで飛ばす馬を見ながら離れた二番手を進み、うしろのサトノダイヤモンドの動きを待つことなく四コーナーで先頭に立ち、そのまま押しきった。三千二百メートルを三分十二秒五。ディープインパクトのレコードを〇・九秒も更新してしまった。

ゴールした瞬間にガソリンを使いきったような走りに武豊は感動していた。そして、「やりきった」という騎手と馬だけが感じる充実感を覚えながら、キタサンブラックの成長に驚いた。それにしても、ほんとうにすごいレベルまで強くなった――。

宝塚記念でキタサンブラックは九着に敗れた。ダービー以来の、予想だにしなかった大敗だった。

最終レースが終わり、優勝したサトノクラウンのミルコ・デムーロが大勢の記者に囲まれているころ、阪神競馬場事務所の一階ロビーで北島三郎の会見がおこなわれていた。負けてもなお取材に応じた北島は、記者の質問にていねいに受け答えしていく。

「負ければ悔しい。でも、勝負の世界だから、ぜんぶは勝つわけにはいかない。そういう意味ではきょうは運がなかったのかなと思います。電話で『馬は体調も脚元も大丈夫です』と報告をきいて、ほっとしたところです。馬はほんとによく頑張ってくれたと感謝している。この夏はゆっくり休ませて、秋は、馬の状態がよければ天皇賞にいこうかなと」

短い会見の終わりに「それで、最後は」と北島は言った。

「最後は、頑張って、有馬記念はだしたいなとは思っています」

それから約二週間後の七月十一日。北海道苫小牧市のノーザンホースパークで開かれた日本競走馬協会の当歳市場で、ヤナガワ牧場が上場した「シュガーハートの2017」が一億四千五百万円で落札された。父ブラックタイド。キタサンブラックの全弟である。地味だった血統はいまや「ぴかぴかの良血」になっていた。

そのころ兄は栗東トレセン近郊の牧場にいた。ゆっくりと春の疲れを癒やし、競走馬として迎える三度めの秋をしずかに待っていた。

第四話 有終

台風の天皇賞

二〇一七年夏。キタサンブラックは京都の宇治田原優駿ステーブルで調整されていた。宝塚記念で九着に負けたあと、栗東トレセンから近いWESTステーブルで静養し、優駿ステーブルに移動してきたのは八月十六日だった。

春よりもいい感じだな、と優駿ステーブルの調教主任、田辺滋久は思った。キタサンブラックがここに来るのはことし三度めだが、来たときの状態だけでいえば今回が一番良かった。

一月に来たときには、有馬記念のあとも厩舎で調整されていたこともあってか、馬から緊張感が感じられた。二度めは春の天皇賞のあとで、牧場で疲れをとってから来たのだが、スイッチがオフになっている状態に見えた。驚異的な日本レコードで走った疲れが残っていたというよりも、馬がのんびりしすぎていたような、そんなたたずまいだった。

それにくらべて今回は静養先の牧場でしっかり乗り込んできたのだろう。体も緩み過ぎずにいい感じだった。

調教師の清水久詞からは細かな指示も要求もない。秋の最初のレースは天皇賞と決まっていた。それに間に合わせるにはどんなメニューでトレーニングしていけばいいか、阿吽《あうん》の呼吸で理解し合っている。やることはいつもと変わりがない。しっかりと乗り、しっかり食べさせ、しっかりケアをする。すでに五歳の秋である。鍛える時期ではない。あたりまえに動けるようにし、清水厩舎のハードトレーニングに対応できる下地をつくって送りだすのが田辺らの仕事だ。

比較的すずしい宇治田原もこの夏は暑かった。それでもキタサンブラックは夏バテすることもなく、黙々と調教をこなしていった。優駿ステーブルに来た翌日から坂路を使って乗りだし、およそ一か月の間に速いタイムでの調教を五本消化した。すべてが順調に進んでいた。

宝塚記念の前と比べて、今回は具合がいいぞ、と田辺は調整過程に自信をもっていた。なによりも馬の精神状態がいい。リラックスしすぎず、メーターも上がりすぎていない。

キタサンブラックは九月十八日に清水厩舎に移っていった。来たときの体重は五百五十五キロで、五百五十六キロで出て行った。体重に変化はないが、中身が変わった。その、筋肉の線が浮きでた大きな体を見ながら、キタサンブラックを調教するのはこれが最後かもな、と田辺は思っていた。ずっとGIの主役として走ってきて、りっぱな結果もだしている。春から引退についての話もでていた。

「写真を撮っておかないと」

と言って、スタッフたちも一緒に写真におさまっていた。年内で引退と発表される一か月前のことだった。

清水久詞はものごとを引きずるタイプの男ではない。宝塚記念についてたずねられても「しょうがない」「終わったこと」ということばが先にでる。清水の視線はいつでも前を向いている。

もちろん調教師として敗因を様々な角度から探っている。マスコミにも何度も言ってきたが、馬の出来は悪くなかった。雰囲気も良かった。清水なりに敗因を探せば、馬の気持ちが前向きでなかったのかなと思う。

宝塚記念の三日後にはヨーロッパ遠征をするばあいに備えて田辺滋久と一緒にアイルランドとフランスに視察に行く予定でいたが、それをキャンセルし、気持ちを秋に切り替えた。最初の目標が天皇賞と決まり、十月二十九日から逆算して調教スケジュールを考えた。

ＷＥＳＴステーブルで静養させて春の疲れをとり、いつものように宇治田原優駿ステーブルでトレーニングする。休養中の調教については田辺に一任している。育成のプロにたいして指示をだす必要などないし、使うレースが決まっているのだから、細かいことを言わなくてもわかってくれる。

ただ、今回はちょっとだけ早めに栗東に戻すことにした。九月、十月は三日間開催があり、調教日程が変則的になることを考慮してのことだった。

順調に調教されて戻ってきたキタサンブラックは気になるところはまったくなかった。丈夫で健康で性格も良く、欠点という欠点のない馬だ。過去にこんな馬はいただろうか、と清水は思う。

五歳の秋を迎えた馬はどっしりと構えていて、春から大きく変わったところはない。いまさら変わったことを施す必要もないから、いつもの調整法で、しっかりと負荷をかけて調教していった。いまのキタサンブラックにとって、変わらないことが一番である。

春に話題になった「坂路三本」の調教もやらなかった。ハードな調教でパワーアップしたり土台をつくりあげるよりも、休ませた体を競馬仕様に戻すことを優先した。オーナーの北島三郎は有馬記念を勝ちたいと言っていた。それは清水もおなじだ。そのためには秋のＧＩをどう戦うか。それを考慮しながら、天皇賞に向けてベストに仕上げていった。

年内で引退すると清水がきいたのは天皇賞の前の週で、北島から直々に電話があった。あと三戦で引退させて、来年から社台スタリオンステーション（北海道安平町）で種牡馬にすることが決まった、と北島は言った。

「そういうわけだから、あと三つ、よろしく頼みます」

「わかりました」

引退の時期については春から何度か話がでていた。年のはじめには北島は来年も走らせたいという意向だったが、大阪杯、天皇賞とＧⅠを連勝して状況も変わっていた。正直、残念な思いはある。しかし、北島が言うように「引き際も大事」だと思うし、惜しまれる形で引退させてあげたいと清水も思う。そしてなによりも、無事に種牡馬にしてあげるのは調教師としての責務だ。

天皇賞を九日後に控えた十月二十日、清水の意向によって、ＪＲＡをとおしてキタサンブラックの年内引退がメディアに発表された。あと三戦しかないと思えば寂しいが、三回もＧⅠのチャンスがあると考えると意欲がみなぎってきた。

黒岩悠は栗東で天皇賞を見ていた。朝の調教を終えて東京に応援に行くことも考えたが、あいにくの台風で、栗東でテレビを見ることにした。

新聞やテレビでは、キタサンブラックは「今回は△まで」とか「消しだ」とか「もう終わった」とか言われている。

「なに言ってんねん」

黒岩は憤慨する。

調教だけだが、キタサンブラックにもっとも多く乗ってきた騎手の感覚として、過去二度の大敗には明確な敗因があったと黒岩は思っている。車にたとえれば、ダービーはギアとかタイヤに問題が生じて（腰に疲れがあって）動けなかった。宝塚記念はガス欠だ。体はどこも悪くなかったが、燃料がはいってなくて動けなかった感じだ。裏を返せば、休養をとってガソリンが満タンになった今回は本来のキタサンブラックの走りが見られるはずだ。

実際、馬の状態は良かった。宇治田原優駿ステーブルから戻ってきて最初に乗ったとき、いつものブラックだな、と感じた。普段どおりの、強いキタサンブラックの感覚が戻っていた。追い切りの動きもよく、まったく心配はなかった。

台風が直撃した東京の馬場状態は最悪だった。しかしそれもキタサンブラックの不安材料にはならない、と黒岩は見ていた。切れ味で勝負する馬にはマイナスかもしれないが、ブラックはロングスパートする馬だし、大きくきれいなフットワークでも、乗っていると前肢を叩きつけて走るような感じだ。矛盾する表現だが「ストライドの大きなピッチ走法」とでも言えばいいか。ダートだって強そうな、最高のオールラウンダーだ。

ところが、ゲートが開いた瞬間、思わず声がでた。「ああっ！」。キタサンブラックが出遅れたのだ。ゲートのなかではいつもうるさくて、出遅れても不思議ではなかったが、よりによってこのタイミングでやってしまうとは――。

思いもしない形でうしろからのレースになったが、黒岩はここでも心配しない。調教でも先頭に立つと気を抜いてふわふわする面があるか、前に馬がいるときはしっかりとハミをとり、絶対に抜いてやると追いかけていくキタサンブラックの本質は「差し馬」ではないかとも思う。むしろ先行したレースでは「大丈夫かな」と思いながら見ていた。

三コーナーをまわると、キタサンブラックは四、五番手にあがっていた。

さすがに武さんだ、と黒岩は画面に見入る。出遅れたケースもシミュレーションしていたのだろう。内でうまく折り合いをつけて無理をしないで前に進出していく。ほんとうにすごい騎手だ。

どしゃ降りのなか馬群が四コーナーをまわった。経験のない不良馬場でもがき苦しみながら多くの馬が外に進路をとるなかで、キタサンブラックはそのままインコースを進み、先頭に立った。鞭を持つ武豊の右腕はまだ動かない。

引退に向けて

四コーナーをまわった。馬群を従えるようにしてキタサンブラックが先頭を走っている。スタンドの歓声が一段と大きくなる。武豊の視線は前を向いたままで手綱はまだ動かない。

このまま独走になるのか――。

台風による不良馬場のなかで出遅れて、うしろから追い上げていくレースになった天皇賞とは馬場状態も展開もまったく違っていたが、一か月前とおなじように先頭でゴールに向かうキタサンブラックの姿に、だれもがそう思った。

突き放せるかな、と武も内心では思っていた。馬の体調はよかった。スタートもうまくいった。楽に先手を奪えればそのまま逃げてもいいと考えていたが、実際そうなった。名手に迷いはない。

きょうは天気も馬場状態もよく、二分二十三秒台の決着になるだろうと考え、それを想定して乗っていた。前年のジャパンカップで逃げきったときよりも千メートルのラップタイムは一秒五速い。思ったとおりだ。いい走りができている、と武は思っていた。

ラスト四百メートルを過ぎたところでようやく手綱が動き、三百メートルで右鞭がはいる。ところが最後の百メートルで外から追い込んできたシュヴァルグランが並び、そのまま抜いていく。キタサンブラックはいくらか内にふらつき、武は左手に鞭を持ち替えて追ったが、ゴール直前でもレイデオロに首差だけ抜かれてしまった。

キタサンブラックは先頭に立つと気を抜いてしまうところがあるが、うしろの馬が並びかけてくればまた伸びる馬である。しかしこの日はちょっと違った。競り合うことなく負けてしまう、どこか淡泊な印象も残るゴール前だった。

清水久詞はスタンド三階の厩舎関係者席でレースを見ていた。横には黒岩悠がいた。キタサンブラックの調教を担当している黒岩は、前の日に清水厩舎のブラックマイスターで東京の障害未勝利戦に騎乗し（七着）、そのまま残っていた。前の年はジョッキールームのテレビで見ていたが、キタサンブラックも残り二戦。ことしは生で応援することにした。

三着でゴールしたあと、しばらくターフビジョンを見つめていたふたりは何度かことばを交わすと、清水は検量室に向かった。ほかの馬の関係者たちも検量室へと降りていく。だれもいなくなった関係者席には黒岩だけが残っていた。椅子に腰かけ、ターフビジョンで再生されるレースの映像をじっと見ている。そのときスタンドが沸いた。優勝したシュヴァルグランとヒュー・ボウマンがウイニングランをしながら黒岩の前をとおって行った。

検量室前でキタサンブラックを迎えた清水に、馬から降りた武豊が言った。

「ひょっとして、落鉄したかも……」

レース中、「あれっ!?」と思った瞬間があった。最後の伸びもいまひとつだったし、武はいつものキタサンブラックの走りとはどこか違う雰囲気を感じていた。

キタサンブラックの蹄を確認すると、左前脚の蹄鉄がなくなっていた。

「落鉄したかな、という気配もしたんですが、どこで落ちたのかはわからないですね」

武が違和感を覚えたのは蹄鉄が緩んだ状態で走っていたからかもしれない。よりによってジャパンカップという大舞台で……、と思っても落鉄はよくあることだ。残念だが、これが競馬なのだ。

一着のシュヴァルグランが戻ってきて、検量室前がにぎやかになった。出走馬の関係者とJRA職員と取材陣が慌ただしく動いているなかで、武は検量室からでてこない。控え室でレースの映像を確認していた。

ボウマンの勝利騎手インタビューも終わり、優勝馬の関係者たちが表彰式へと向かう。落ち着きを取り戻した検量室の前に清水が先に姿を見せた。すかさず記者たちが取り囲む。

「まあ、しかたないですね」

と、清水は繰り返した。たしかに落鉄は痛いが、それも競馬だ。終わったことはなにを言ってもしょうがない。

ジャパンカップに関していえば、天皇賞の疲れもとれて、馬の仕上がりはよかった。秋になって、春よりも調教が軽くなったと訝《いぶか》る声もあったが、三つのＧＩを勝つためにしっかりと負荷をかけて乗り込んでいたから、ジャパンカップの追い切り後の記者会見でも、清水は、

「昨年以上だと思っていただいていいと思います」

と自信たっぷりに語っていた。いまのキタサンブラックには不安はまったくなかった。負けられない馬をＧＩにだすプレッシャーよりも、残りのレースを楽しみたい気持ちのほうが強かった。

しばらくして武が検量室からでてきた。五十人を超える取材者が幾重にも囲んで話をきこうとする。武の表情には暗さはなく、淡々と受け答えをしている。馬の調子。走り。レースの流れ。そしてレース中に覚えた違和感について。

「きょうは二頭が強かったです。ぜんぶ勝つのはむずかしいですけど、つぎは是が非でも勝ちたいですね」

短い囲みインタビューのなかで、武は「有馬記念は勝ちたい」と何度も口にした。そこに

悔しさが滲みでていた。勝ったＧＩの数は百を超える武だが、有馬記念は二勝である。オグリキャップとディープインパクト。競馬史に輝く名馬のラストランだ。

そのころ京都の京阪杯（ビップライブリー、二着）を見ていた清水は、レースが終わると、テレビのスポーツ番組のインタビューに応じていた。キャスターをしているタレントが競馬場まで来て清水に質問している。メディアではすでにキタサンブラックのラストランに向けての取材がはじまっていた。

北島三郎はゴンドラの馬主席でレースを見ていた。ゴールした直後は、もしかしたら、すこし天皇賞の疲れがあったのかもしれないな、とも思ったが、よく頑張ってくれたと馬を讃えてやりたかった。負けたのは悔しいが、よく走った。勝負事はいつも勝つわけにはいかない。きょうは前の二頭が強かったということだ。

思い返せば、ヤナガワ牧場でキタサンブラックに出会ってからこれまで、北島自身にも様々なことがあった。紅白歌合戦や長年の舞台にひとつ、ひとつ区切りをつけてきた。けがによる手術も経験した。そのたびに自分を元気づけてくれるように走ってくれたキタサンブラックには感謝のことばしかない。自分は夢を売る仕事をしているのに、この年齢になって馬から夢や元気をもらった。キタサンブラックは神様からの贈り物だと北島は思う。

ここまで十九戦十一勝。ほんとうにたくさん勝ってくれた。はじめてＧＩに勝った菊花賞は忘れられない。内につつまれたときには心配したが、北村宏司くんがうまく乗って、抜け出してきたときはほんとうに嬉しかった。

天皇賞には三度勝てた。強いライバルを相手にしてGⅠひとつ勝つだけでも大変なことなのに、ことしの春はレコードタイムまで出した。自分の馬なのに、すごい馬だなと思った。

この前の台風の天皇賞も印象に残っている。出遅れて、途中で見失ってしまった。武豊さんがうまく運んでくれて、どろどろの内から抜け出してきたときには、あらためて強い馬だなと思った。

年のはじめには北島は六歳まで走ってほしいと思っていたが、大阪杯、天皇賞とGⅠを連勝したころから種牡馬という話もではじめ、十月になって年内で引退させることを決断した。あと一戦でキタサンブラックの走りが見られなくなるのは馬主としては寂しいが、馬にはつぎの「人生」があるのだ。

泣いても笑っても有馬記念が最後だ。三着、二着と惜敗がつづいているから、ことしこそ勝ちたい。しかし、勝ち負けよりも、無事に戻ってきてほしいと北島三郎は思っている。叶うならばキタサンブラックらしい走りをして、「最後だから、おれ頑張ったよ」と、いつものように自信に満ちたすずしい顔で。

最後の「まつり」

キタサンブラックは帰ってきた。取材を受けるたびに「無事で」と語っていた北島三郎の願いどおりに、そして一着で。

ゴンドラの馬主席でレースを見ていた北島は三コーナーあたりから涙がこぼれてきた。キタサンブラックはスタートからずっと十五頭を従えるようにして走っていた。その姿を見ていると、涙がとまらなかった。

そのまま先頭を守ってゴールインした瞬間、思いもしない光景を目にした。一階席の大勢のファンが振り向き、ゴンドラに向かって手を振ってくれているのだ。

「サブちゃん、おめでとう！」

ファンが口々に叫んでいる。嬉しさがこみあげてきた。

「ありがとう。ほんとうに、ありがとう」

身を乗り出すようにして応える北島の顔はくしゃくしゃだった。

表彰式のために芝コースに降りていく。ここでもたくさんのファンの祝福を受け、それにまた手をあげて応えながら、ゆっくりと歩を進める北島を追って記者やカメラマンの波が動く。優勝騎手インタビューを終えた武豊が北島のもとに走ってくる。ふたりはしっかりと抱き合い、北島は武に一礼した。

「武さん、ありがとう」

それから七度めのＧＩの口取り写真におさまった。感慨無量の面持ちのオーナーの横にはいつものように涼しい顔をしたキタサンブラックがいた。まだまだ走りたりないといったふうに二度三度と首を上下させている。

二〇一七年十二月二十四日。「キタサンブラック物語」は大団円をむかえた。

清水久詞は検量室の上にある調教師席でレースを見ていた。騎手だった妻と三人のこどもたち（娘とふたりの息子）も応援にきていた。キタサンブラックは清水家でもアイドルで、家にはたくさん写真が飾ってある。長男は騎手になりたいようなことを言っているが、そう簡単にできる仕事ではない。「なりたかったら、頑張れ」というのが、かつて騎手を夢見ていた父親のスタンスだ。きょうはキタサンブラックのレースを見て、なにか感じてくれればいい。

この一か月の間、清水は「有馬記念で最後」と考えないようにしてきた。考えると寂しくなるからだ。それでなくとも、引退レースに向けての取材が殺到していた。競馬マスコミだけでなく、一般のニュースでもキタサンブラックのことを扱ってもらえるのはありがたかったが、周囲に惑わされることなく、自分の納得のいく仕上げをしようと心がけてきた。

前走のジャパンカップは自信をもって送りだしたが三着だった。レースのあと、ゴール後に左前脚の蹄鉄が落ちたことがわかったが、どこで緩んで、走りにどれだけの影響があったのか、だれにもわからない。

「終わったことについて、なにを言ってもしょうがない」

清水はジャパンカップについて質問されるたびにそう答えてきた。負けたことはもちろん悔しいが、敗因がどうのこうのといつまでも引きずっていては前に進めない。

さいわい蹄を傷めることもなく、馬の状態は変わらず良かった。有馬記念に向けた調整もうまく進んでいた。

五歳秋のキタサンブラックには不安な要素はまったくといっていいほどなかった。ただ強いだけではない。スピードもスタミナもパワーもあり、距離も展開も馬場状態も問わない。気性も安定し、丈夫で、けがも病気もまったくなかった。これほど総合力の高い名馬が過去にいただろうか、と清水はいつも思う。

勝たないといけないという重圧はなかった。プレッシャーよりも、とにかく無事に走りきってくれることを願っていた。それはレース当日も変わらなかった。馬の状態は「最高」と自信をもって言えたから、レースも冷静に見ていられた。逃げる展開も想定していたし、騎手はなんといっても武豊である。

しかし、ずっと冷静にキタサンブラックを追っていた清水も、ゴールした瞬間の記憶がない。大声でなにか叫んでいたが、どんなことばを発したのかも覚えていない。

とにかく嬉しかった。同時にほっとする部分もあった。宝塚記念と有馬記念でファン投票の一位で選ばれながら、その期待に応えられずにここまできたから、ようやく責任をはたせたという思いが強かった。

ゴールの瞬間は記憶が消えるほど歓喜した清水もすぐに冷静になった。一コーナーのほうに目をやると、揚々と引き上げてくる馬の姿が見えた。大丈夫だな、と安堵した。無事に有馬記念を終え、これでキタサンブラックをつぎの〝仕事〟へと送りだせる。


黒岩悠は清水久詞の近くでレースを見ていた。以前はテレビで見ることが多かったが、高いレベルで成績も安定してきたこの秋は生で見ることにした。自分自身もＧＩの雰囲気を味わっておきたかった。

キタサンブラックの調教を担当している黒岩は、自分なりに秋の三戦をひとつの流れとしてとらえて乗っていた。最後の有馬記念に向けて調子を上げていく右肩上がりの直線の上にレースがあるという考えである。

台風に見舞われた天皇賞は誤算といえば誤算だったが、馬の疲れもすくなく、心配するほどでもなかった。ただ、結果論ではあるが、あの極悪馬場を走った馬たちのその後の成績が芳しくないことを考えると、ジャパンカップはやっぱり疲れがあったのかも知れないとも思う。それでも前の年よりも速いペースで逃げて、厳しくマークされながら三着に踏ん張ったのは、裏を返せば、キタサンブラックの力を示したことになる。黒岩はそう思う。

キタサンブラックの活躍で黒岩もすっかり有名になっていた。有馬記念の前は取材も増え、何度もおなじことを話さないといけなかった。トップの人たちはいつもこういう大変なことをしているんだなとも思ったが、ブラックがいなかったらこうして取材を受けることもなかったのだ。黒岩はブラックに巡り会えたことに感謝している。

キタサンブラックは有馬記念に向けて着実に調子をあげていた。ただ、年齢なのか、この秋は落ち着いているというか、闘志を剥きだしにすることはなくなっていた。調教でもそういう部分が見受けられて、以前のように動かなくなっていた。馬自身が調教ではこれくらい走ればいいとわかっているようだった。若いときは調教の動きで馬の善し悪しがはっきりとわかったが、いまは馬がどこで力をだせばいいかよく知っている。経験豊富な五歳馬らしい、余裕のようなものも感じられた。

有馬記念の週の追い切りタイムもキタサンブラックにしてはすこし遅かった。新聞記者は「時計が遅いが」ときいてくる。有馬記念の一番人気馬だからしかたないのかもしれないが、どうしても見た目の数字だけで調子を判断されてしまうようだった。

しかし、前の週には速いタイムで追い切って、日曜日にもしっかりと乗ってじゅうぶんな負荷をかけていたし、なによりも馬の雰囲気がよかったから、調教タイムはまったく気にしていなかった。レースの十日ぐらい前から馬の気持ちが前向きになって走りたがっていた。それはキタサンブラックにはいいシグナルだと黒岩は解釈している。最終追い切りのタイムは遅くても、馬の状態はジャパンカップよりも間違いなくいい。

それでも自分が乗るレースよりも緊張して見ていた。天皇賞のことがあるのでスタートが最大の難関だと思っていたが、キタサンブラックはすばらしいスタートをきると、そのまま先頭に立ち、いい感じで逃げている。仮に強引に先頭を奪おうとする馬がいれば、それは玉砕覚悟だろうし、仕掛けやすい一コーナーと向こう正面でも動く馬がいない。黒岩はようやく安心し、あらためて思った。

それにしても、武さんのペース配分はすごいな――。

よどみなく流れるペースで逃げて、一度絞って、またペースをあげる。うしろの騎手を金縛りにしてしまうようなラップを刻んで逃げている。

直線は不安も心配もなかった。

離せ！　離せ！

黒岩は叫んだ。武が鞭をいれる。馬が一頭になって気を抜かないように、最後まで細心の注意を払っていた。

ゴールの瞬間はなんともいえない感動と安堵感が押しよせてきた。調教助手の押田道郎と抱き合い、歓喜し、清水の手をしっかりと握る。あー、よかった。こころから思った。やっぱりブラックは格好いい。

きょうは黒岩も検量室前に降りていって引き上げてきたキタサンブラックを見守っている。「キタサンブラック物語」を書いているライターがコメントを求めてやってきた。

最終レースのあとの有馬記念イベントが終わり、日が落ちたころ、キタサンブラックの「お別れセレモニー」がはじまった。中山競馬場にはまだ五万人ものファンが残っていた。

一階のスタンドは端まで人で埋まっている。

北島三郎はコートを脱いで、黒いスーツ姿で壇上に立ってあいさつした。

「ブラックが走って三年を迎えました。そして、たくさんの皆さんに愛していただき、支えていただいて、わたくしは、これ以上の幸せを感じたことはありません。感謝でいっぱいです」

北島が口にするのは感謝のことばばかりだった。キタサンブラックに携わったスタッフに、騎手に、競馬関係者に、ファンに。そして武豊と菊花賞まで主戦騎手だった北村宏司を壇上に呼んだ。北村が姿を見せると大きな拍手がおきた。北島の心遣いを人々は感じている。

そのあと、北島がうたう『ありがとうキタサンブラック』が、キタサンブラックのレースシーンに合わせてターフビジョンに流される。人々は手拍子をとりながらじっと見つめている。そのなかにはキタサンブラックを生産したヤナガワ牧場の梁川正普や馴致育成をした日高軽種馬共同育成公社の場長、佐々木譲次の姿もあった。それまでは業務課長の漆原和幸とスタッフを競馬場に応援に行かせ、「そのかわり、おれが凱旋門賞に行く」と冗談を言っていた佐々木も、引退レースだけは見ておきたかった。

映像が終わり、司会の杉本清が、もうひとりどうしても紹介したい人がいる、と言って黒岩悠の名前をあげた。

「黒岩ちゃん」

北島が呼びかける。

このとき黒岩は取材陣などがいる輪の外からセレモニーを見ていた。清水久詞から「行くぞ」と促されたが、

「ぼく、外で見ています」

と、遠慮していたのだ。キタサンブラックの調教をしているが、黒岩には一騎手としてのプライドもある。だから、これまでも口取り写真にはおさまらず、外からレースを見て、応援していた。しかし、北島から名前を呼ばれたら、些細なこだわりなど消えてなくなる。自分のような者も気遣ってくれて、嬉しく、ありがたかった。

清水久詞、武豊、北村宏司、黒岩悠とスタッフが揃い、厩務員の辻田義幸と調教助手の押田道郎に引かれたキタサンブラックが入場し、関東のファンに最後の姿を披露した。厩舎から地下馬道にはいるときには「また走るのかよ」と言いたげに一度立ち止まったキタサンブラックも、芝コースにでると首を下げ、レース本番のような気合いを見せていた。有馬記念の馬服をかけられた大きな体が照明に照らされて黒く輝いている。

そして最後は五万人のファンが待っていた「まつり」で締めくくられる。北島三郎の横にはマイクを持った西川賢（中山馬主会会長）が立っている。北島を競馬に誘った西川幸男の息子、山田太郎である。

その夜。都内のホテルではキタサンブラックの関係者が集い、祝勝会が催された。キタサンブラックをつくり、育ててきた男たちはよろこびを分かち合い、労をねぎらった。清水久

詞には最高にうまい酒だった。大きな仕事をやり遂げた充足感と安堵感で「酒は飲むほう」の調教師も二次会でダウンした。

そのころキタサンブラックは帰りの途についていた。いつもはほかの厩舎の馬と一緒に帰るが、セレモニーがあったために馬運車にはキタサンブラック一頭だけだった。

運転席のうしろにある厩務員の休憩室では辻田義幸がひとりでスマートフォンを見ている。中山競馬場には妻と六歳になる息子が応援にきてくれていたが、先に帰っていた。

祝いのメールがいくつも届いていた。馬に付き添ってゲートに行っていた辻田はバスのなかで実況を聴いていたから、スマホでレースの映像を見ていると、勝ったときの興奮がよみがえってくる。普段から喜怒哀楽をあまり表にださない辻田もさすがに有馬記念のあとは泣きたい感情におそわれた。

キタサンブラックはこれで引退するが、三年間ほんとうによく頑張ってくれたと、感謝の気持ちでいっぱいだ。ただ、いまはまだ有馬記念を終えたばかりで、ほっとした気持ちのほうが大きいし、辻田には馬を栗東の厩舎まで届ける仕事が残っている。祝杯はそれからだ。

二週間後には京都競馬場で引退式がある。それが終わるとキタサンブラックは北海道に帰って行く。自分が寂しさを感じるのはそのときだろうな、と辻田は思っていた。

おわりに

コロナの第三波が拡大していた有馬記念前日の土曜日、場外に前売りを買いに行った。恥ずかしながらわたしは、「インターネット投票」ではなく、いまだに「馬券」を買っている、ふるい人間である。

場外に向かう人のほとんどが男で、多くが老人だった。皆、ゆっくりとした足どりで、なかには歩行器を使っている人もいた。モノトーンの、しずかに進む行列はショッピングモールに集まるゾンビのようだ。ニュースが盛んに言っている「高齢者」の入り口にさしかかったわたしも一体のゾンビとなり、この人たちが買ってきた一枚一枚の「馬券」が日本の競馬を支えてきたのだと思いながら歩いて行く。

コロナのなかでも競馬は休むことなく開催されている。「インターネット投票」が普及し、JRAの売上げは堅調だ。地方競馬には過去最高を記録した競馬場もあったそうだ。わたしたちフリーランスのライターやカメラマンは――騎手や調教師や調教助手や厩務員をコロナから守るためだと承知しているが――競馬場やトレセンでの取材の仕事がぱったりとなくなり、文字どおりの「コロナ渦」がつづいている（とくに現場に行かないと仕事にならないカメラマン諸氏は大変だろうなと思う）。幸か不幸か、原稿を書く時間だけはたっぷりとあり、こうして本を出版できる自分はしあわせ者だと、こころから感謝している。

◇

本書を書くにあたっては、『優駿』（日本中央競馬会）、『Ｇａｌｌｏｐ　週刊１００名馬』（サンケイスポーツ）、『日本の名馬・名勝負物語』（中央競馬ピーアール・センター）、『日本の名馬』（サラブレッド血統センター）などを参考とし、引用あるいはとくに参考とした文献については本文中に明記した。血統は日本軽種馬協会のデータベース（https://www.jbis.or.jp）を参考とした。

今回も本をまとめていただいたのは三賢社の林史郎さん、デザインは西俊章さん、写真は渡辺広幸さんと山本輝一さん。いつもありがとうございます。そしてもうひとり、中央競馬ピーアール・センターの伊藤統さん。伊藤さんの力添えがなければ、キタサンブラックの物語は書けなかった。ほんとうにありがとうございました。

二〇二一年四月

江面弘也

初出

カブラヤオー『優駿』二〇一九年十月号「未来に語り継ぎたい名馬物語46」
ウイニングチケット『サラブレ』二〇〇〇年六月号「名馬物語」
ブエナビスタ『サラブレ』二〇一四年八月号「名馬物語」
ニッポーテイオー『サラブレ』一九九七年十一月号「名馬物語」
デュランダル『サラブレ』二〇〇六年二月号「名馬物語」
ロードカナロア『サラブレ』二〇一四年十一月号「名馬物語」
キタサンブラック『優駿』二〇一七年七月号〜九月号、二〇一七年十二月号〜二〇一八年二月号
※『サラブレ』の「名馬物語」については大幅な加筆修正のうえ構成した

口絵写真：渡辺広幸（ブエナビスタ、メジロドーベル、ダイユウサク、ロードカナロア、デュランダル）
山本輝一（ネオユニヴァース、キングカメハメハ、ウイニングチケット、スティルインラブ、ヒシアマゾン、シスタートウショウ、ゴールドシップ、ヒシミラクル、サクラバクシンオー、キタサンブラック）

江面弘也　えづら・こうや

ノンフィクションライター。1960年、福島県生まれ。東京理科大学卒業後、（株）中央競馬ピーアール・センター入社。『優駿』の編集に携わったのちフリーに。著書に『名馬を読む』『名馬を読む２』『昭和の名騎手』（三賢社）、『「青年日本の歌」をうたう者　五・一五事件、三上卓海軍中尉の生涯』（中央公論新社）、『活字競馬に挑んだ二人の男』（ミデアム出版社）、『サラブレッド・ビジネス　ラムタラと日本競馬』（文春新書）など。

名馬を読む 3

2021年5月25日　第1刷発行

著者　江面弘也

発行者　林 良二
発行所　株式会社 三賢社
〒113-0021　東京都文京区本駒込4-27-2
電話　03-3824-6422
FAX　03-3824-6410
URL　http://www.sankenbook.co.jp

印刷・製本　中央精版印刷株式会社

Printed in Japan
ISBN978-4-908655-19-7 C0075

三賢社の本

名馬を読む

江面弘也 著

名馬に歴史あり、
歴史に名馬あり。

四六判上製 304P ＋カラー 8P
定価（本体 1700 円＋税）
ISBN978-4-908655-07-4

殿堂入りした32頭の蹄跡と、その馬を支えた人びとの物語。

◆本書に登場する馬たち

1クモハタ　2セントライト　3クリフジ　4トキツカゼ　5トサミドリ　6トキノミノル　7メイヂヒカリ　8ハクチカラ　9セイユウ　10コダマ　11シンザン　12スピードシンボリ　13タケシバオー　14グランドマーチス　15ハイセイコー　16トウショウボーイ　17テンポイント　18マルゼンスキー　19ミスターシービー　20シンボリルドルフ　21メジロラモーヌ　22オグリキャップ　23メジロマックイーン　24トウカイテイオー　25ナリタブライアン　26タイキシャトル　27エルコンドルパサー　28テイエムオペラオー　29ディープインパクト　30ウオッカ　31オルフェーヴル　32ジェンティルドンナ

三賢社の本

名馬を読む2

江面弘也 著

殿堂馬に負けない
ヒーロー、ヒロイン。

四六判上製 304P ＋カラー 10P
定価（本体 1700 円＋税）
ISBN978-4-908655-14-2

個性派も揃った、選ばれざる名馬37頭が紡ぐ至極の物語。

◆本書に登場する馬たち

第❶章　血統と牧場の物語

▪トウメイ ▪テンメイ ▪タニノムーティエ ▪タニノチカラ ▪ハギノトップレディ ▪ミホシンザン ▪タマモクロス ▪ビワハヤヒデ ▪セイウンスカイ ▪シンボリクリスエス ▪アグネスタキオン

第❷章　ライバルの競演

▪タケホープ ▪グリーングラス ▪ホウヨウボーイ ▪カツラノハイセイコ ▪モンテプリンス ▪イナリワン ▪スーパークリーク ▪スペシャルウィーク ▪グラスワンダー ▪ジャングルポケット ▪クロフネ ▪マンハッタンカフェ

第❸章　時代の変革者たち

▪ダイナカール ▪ダイナガリバー ▪カツラギエース ▪ニホンピロウイナー ▪ミホノブルボン ▪ホクトベガ ▪ヴィクトワールピサ

第❹章　愛すべき個性

▪サクラスターオー ▪メジロパーマー ▪ライスシャワー ▪レガシーワールド ▪サイレンススズカ ▪ステイゴールド ▪メイショウサムソン